개혁주의 문화철학과 문화콘텐츠

■ 집필진

　김경진(백석대학교 교수) ｜ 이경직(백석대학교 교수)
　장동민(백석대학교 교수) ｜ 최태연(백석대학교 교수)

■ 편찬위원

　김경진(백석대학교 교수) ｜ 박창균(서경대학교 교수) ｜ 백순화(백석대학교 교수)
　송태현(백석대학교 교수) ｜ 신광철(한신대학교 교수) ｜ 신국원(총신대학교 교수)
　신현호(백석대학교 교수) ｜ 이경재(백석대학교 교수) ｜ 이경직(백석대학교 교수, 위원장)
　임성빈(장로회신학대학교 교수) ｜ 장동민(백석대학교 교수) ｜ 최태연(백석대학교 교수)
　추태화(안양대학교 교수)

기독교 문화콘텐츠 총서_1

개혁주의 문화철학과 문화콘텐츠

2008년 2월 5일 인쇄
2008년 2월 10일 발행

지 은 이　장동민 · 이경직 · 최태연 · 김경진
펴 낸 이　이 찬 규
펴 낸 곳　북코리아
등록번호　제03-01157호
주　　소　121-020 서울시 마포구 공덕동 115-13 201호
전　　화　(02) 704-7840
팩　　스　(02) 704-7848
이 메 일　sunhaksa@korea.com
홈페이지　www.ibookorea.com

값 10,000원

ISBN 978-89-92521-71-0 93230

기독교 문화콘텐츠 총서_1

개혁주의 문화철학과 문화콘텐츠

장동민 · 이경직 · 최태연 · 김경진 공저

북코리아

네덜란드의 미술사가인 한스 로크마커Hans R. Rookmaaker는 "예술은 정당화가 필요 없다. Art needs no justification."고 말했다. 하늘과 땅 그리고 바다는 왜 의미가 있는 것인가? 하나님께서 이들을 창조하셨고 유지시키시기 때문이 아닌가? 예술도 마찬가지다. 우리 인간에게 예술과 미의식을 부여하는 것을 하나님이 좋게 여기셨기 때문에 예술은 의미가 있는 것이다. 이러한 맥락에서 로크마커는 예술이 별도의 정당화가 필요하지 않다고 주장했던 것이다. 로크마커보다 한 세대 앞서 독일에서 태어난 파울 틸리히Paul Tillich라는 신학자는 다음과 같은 유명한 말을 남겼다. "종교는 문화의 실체이며 문화는 종교의 형식이다." 이 명제로써 틸리히는 종교와 문화의 이원론을 철저히 타파하고자 했다. 그리고 그는 종교 활동이 문화적으로 형성되어야 함을 역설했다.

'21세기는 문화의 세기'라는 구호가 무색하지 않게 우리 사회에는 문화에 대한 관심이 매우 높아 가고 있다. 우리 사회의 이러한 변화에 발맞추어 한국 교회에서도 기독교 문화에 대한 관심이 점증하고 있다. 이는 한국 교회의 미래를 위해서 고무적인 현상임에 분명하다. 우리는 이러한 관심이 일시적인 유행으로 그치지 않고 한국 교회가 갱신하며 성숙하는 계기로 발전하기를 기원한다. 그렇게 되기 위해서 한국 교회는 이 관심을 어떠한 방향으로 이끌고 가야 할 것인가, 그리고 구체적으로 어떠한 방안으로써 훌륭한 기독교 문화를 형성해 나갈 것인가를 심각하게 고려해보아야 한다. 한국 기독교 초창기에 기독교가 우리 사회의 문화를 선도했듯이, 우리 사회에서 기독교가 상당한 비중한 차지하는 이 시점에 한국 교회는 내실 있게 성장하여 이 땅의 문화를 선도할 수 있는 역량을 마련해야 한다.

백석대학교 기독교철학전공이 주축이 된 백석대 BK(두뇌한국) 21 사업팀은 이러한 문제의식 속에서 출범했다. 우리가 "기독교문화 콘텐츠 기획·제작 전문 인력 양성을 위한 교육과정 및 프로그램"이라는 주제로 BK 21 사업을 추진하면서 가장 역점을 두고자 하는 것은 한국의 문화를 선도할 기독교 문화 인재를 양성하는 일이다. 기독교문화를 선도해 가기 위해서는 기독교 예술인, 기독교문화 기획자, 기독교예술 평론가, 기독교문화 이론가를 배출하고 이들이 탁월한 실력을 가지고 활동할 수 있도록 훈련해야 한다. 기독교문화 전문가를 단순히 단기 코스를 통해서 배출할 수는 없다. 세상의 문화에서 높은 예술성과 학문성을 요구한다면 기독교문화는 더 엄격한 요구를 해야 할 것이다. 최소한 세상 문화가 유지하는 수준에는 도달해야 한다. 한국 기독교계에 요구되는 기독교문화 전문가는 기독교세계관과 기독교문화관의 토대 위에서 각 예술 분야의 이론을 정립하고, 기획 및 제작 혹은 비평을 하는 문화 인력들이다. 우리는 이러한 인력을 양성하고 아울러 이들과 함께, 그리고 산학협력을 통해 훌륭한 기독교문화콘텐츠를 제작하고자 하는 비전을 지니고 있다.

　　이러한 비전을 성취하기 위한 일환으로 우리는 '기독교문화콘텐츠 총서'를 기획하게 되었다. 본 총서를 통하여 우리는 기독교의 관점에서 문화를 바라보는 시각을 정립하고, 문화의 각 영역에서 진행되는 기독교 문화콘텐츠의 현황을 분석하고 비평하며, 전망을 제시하는 작업들을 이어 가고자 한다. 기독교문화콘텐츠 총서의 서막을 여는 본서 『개혁주의 문화철학과 문화콘텐츠』에서 우리는 우리 필진들이 공통적으로 견지하는 신학적 토대인 개혁주의의 관점에서 문화 혹은 문화콘텐츠를 어떻게 볼 것인지에 대해 고찰해 보았다(「개혁주의 문화론: 하나님의 선하신 창조와 문화의 타락」, 「개혁주의 문화철학의 모색」). 이어서 우리는 타문화전통, 그리고 대중문화와 기술문화 등 문화의 다양한 문제들에 대한 대안 제시와 구체적인 실천 방안과 같은 기독교 문화철학의 과제를 점검해 보았으며(「기독교 문화철학의 과제」), 문화콘텐츠학이 기독교철학에 어떠한 구체적 의미를 지니는지 살펴보며, 기독교철학이 문화콘텐츠학에 기여할 수 있는 바가 무엇인지 고찰해 보았다(「문화콘텐츠와 기독교철학의 만남」). 마지막으로 우리는 복음서 저자들이 해당 공동체에 적합한 말씀을 전달하기 위해 그에 합당한 문화 전승을 선택하여 기록하였음을 통해 복음과 문화의 관계에 대한 성찰을 시도하였으며(「복음과 문화의 상관성 연구」), 문화의 시대, 쌍방향 커뮤니케이션의 시대로 평가되는 21세기 인터넷 시대의 한국교회에 문화 목회가 필요함을 지적하고 문화 목회의 구체적인 방안을 모색해 보았다(「한국에서의 문화목회의 필요성과 그 방안」).

기독교문화 전문 인력으로 성장하고자 하는 이들에게 본 총서가 문화에 대한 기독교적 관점을 형성하는 데 유익을 줄 수 있기를 소망한다. 우리는 앞으로 기독교문화 장르 및 콘텐츠에 대한 구체적인 연구를 수행하고 그 성과를 계속적으로 총서 속에 담을 예정이다. 우리의 작업을 토대로 삼아 더 멀리 더 넓게 바라보며 기독교문화를 일구어가는 인재들이 많이 배출되기를 기원한다.

2008년 1월 25일
백석대학교 BK21 사업팀

개혁주의 문화론:
하나님이 선하신 창조와 문화의 타락

장동민 | 백석대학교 교수

01 문화명령(Cultural Mandate)과 문화 타락

(1) 자연의 아름다움과 타락

하나님께서 천지를 지으신 후에 이를 보시고 "심히 좋았다"고 성경은 말씀하고 있다. 천지와 그 가운데에 있는 만물들이 하나님의 선하신 목적에 꼭 맞게, 질서정연하게, 특별히 인간과 관련해서 인간이 이를 개발하고 사용하며 관리하는 데에 적합하도록 창조되었다는 뜻이다. 마치 아담이 창조되었을 때에 '자연적으로' 원의原義, original righteousness를 가지고 있었던 것처럼, 만물들은 의롭고 선하였다. 광대한 자연물들은 하나님의 영광을 선포하고 인간의 다스림에 복종할 줄 알았다.

아담과 하와가 죄를 범한 후 하나님은 자연에도 저주를 선포하셨다. 인간의 죄와 반역과 함께 만물들도 그 선함을 잃어버리고 "허무한 데 굴복하게" 되었으며, "함께 탄식하며 함께 고통"하는 자리에 처하게 되었다(롬 8:20-22). 자연계에도 폭풍과 지진과 같은 천재지변이 일어나서 사람을 삼킨다. 타락 이전에도 이와 같은 자연의 현상이 있었을 터이나 이는 죄의 침입이 없는 하나님의 다스림 아래에서 인간에게 해를 끼치지 않고 하나님의 목적을 이루는 것이었을 터이다. 그러나 이제 그와 같은 변화는 하나님의 저주의 상징으로서 더욱더 많이 사용되고 있는 것을 성경에서 볼 수 있다. 땅은 저주를 받아서 "가시덤불과 엉겅퀴"를 내며, 짐승들은 서로 잡아먹으며 인간에게 해를 끼친다. 사람에게는 고생과 질병과 해산의 고통이 찾아왔다.

그렇지만 천지와 만물이 타락했음에도 불구하고 계속해서 "하늘이 하나님의 영광을 선포하고 궁창이 그 손으로 하신 일을 나타내"고 있다(시19:1). 사람에게도 그의 모든 질병과 고통에도 불구하고 "영화와 존귀로 관 씌우신" 것을 우리는 볼 수 있다(시8:5). 과연 자연만물들은 하나님의 선하신 작정과 다스림과 보존하심에 의하여 선하게 남아 있는 것인가, 아니면 "정사와 권세와 이 어두움의 세상 주관자들과 하늘에 있는 악의 영들"의 손에서 고통 받고 있는 것인가? 한마디로 말해서 창조의 선함과 타락 이후의 악함이 긴장관계를 이루고 있다.

(2) 선한 문명과 타락

이러한 긴장관계는 자연현상에서 뿐만 아니라 인간이 건설한 문화와 문명에서도 보인다. 하나님께서는 아담에게 '문화명령'을 내리시고 에덴동산을 다스리며 그 곳을 보호하라고 명하신다. 하나님은 아담과 하와 그리고 그 후손들이 온 세상을 다스리며 문명을 발전시킬 것을 명령하셨다. "생육하고 번성하여 땅에 충만하라, 땅을 정복하라, 바다의 고기와 공중의 새와 땅에 움직이는 모든 생물을 다스리라."(창1:28) 흔히 이 명령을 '문화명령'cultural mandate라 부른다. 물론 그 명령은 타락 이후에도 지속되는 것이다(시8:6-8). 그러나 그 문화는 동시에 타락한 문화이다. 인간이 하나님께서 주신 창조력을 가지고 문명을 건설하는데, 그 문명은 곧바로 타락하여 죄를 짓게 만드는 문명이 되는 것이다.

우리는 창세기에서 이미 선한 문화와 문화의 타락에 대한 긴장이 다루어져 있음을 볼 수 있다. 몇 가지의 예를 들어보자. 하나님은 타락한 최초의 인류에게 옷을 지어 입혀 주셨다. 옷은 하나님이 인간에게 주신 좋은 선물이다. 부끄러움을 가려 주는 것이고, 더위와 추위를 피할 수 있게 해 주는 선한 것이다. 여인을 더욱 아름답게 남자를 더욱 남성답게 만들어 준다. 그러나 이 좋은 옷이 악하게 사용되기 시작한다. 선정적인 옷, 사치스런 옷이 등장하였고, 옷에 따라 사람의 급수가 매겨지게 되었다. 어린아이들의 옷에서도 차이를 볼 수 있어, 그들도 곧 옷을 보고 사람을 평가하는 법을 터득한다. 물론 그 어린아이들에게는 옷을 좋은 쪽으로만 사용할 수 있는 자유가 주어져 있다. 하지만 부모의 잘못된 선입견이나 매스컴 등의 영향을 받아, 옳은 선택을 하기는 너무 어렵다.

아담과 하와의 아들 가인이 아벨을 죽이고 쫓겨난 후, 그는 에덴의 동쪽에 가서 성城을 쌓았다. '성'은 좋은 것인가?[1] 물론 좋은 것이다. 외적의 침입을 막을 수 있고 동물의 침략으로부터 재산을 방어할 수 있다. 그러나 '성'에는 인간 반역의 역사가 서려 있다. 성은 성 안의 사람과 성 밖의 사람을 구분한다. 성 밖에 있는 사람은 성 안에 들어오려고 기를 쓰고, 성 안의 사람은 못 들어오게 하려고 사력을 다한다. 성 안에 별것이 있는 것도 아닌데 성에 들어가기 위하여 빙빙 도는 사람들이 많다. 프란츠 카프카의 「성」城에 나오는 K가 바로 그런 사람이다. 예수님은 성 밖의 사람이셨다. 갈릴리라는 촌에서 자라고 거기서 일하였고, '거룩한 성' 예루살렘이 더럽혀질까 봐서 성문밖에 끌려 나가 죽으셨다(히13:12). 어린아이가 태어나서 교육을 받으면서 그는 '성'城의 존재에 대하여 자연스럽게 체득한다. 성 밖의 열등감과 성 안의 교만함 사이에서 방황하도록 교육받는다. 분명히 자유로운 선택의 가능성이 열려 있는데, 죄의 환경

---

1) 성(城)의 의미에 대한 통찰력을 얻기 위하여, 자크 엘룰, 최홍숙 역, 『도시의 의미』 (서울: 그리심, 1992)를 참고하라.

에서 자라면서 하나님을 반역하는 쪽을 택하게 되는 것이다.

가인의 후손 중 라멕이라는 사람이 창세기 4장에 등장한다.(창4: 16-24) 그는 참으로 뛰어난 인물이었다. 그는 막 등장한 화장술化粧術과 장신구 덕분에 훨씬 아름다워진 두 아내를 데리고 살았다. 큰아들은 울타리를 치고 목축하는 기술을 개발하였고, 둘째 아들은 현악기와 관악기를 만들었다. 셋째는 동銅으로 기구를 만들었다. 참으로 놀라운 문명의 발달이 아닐 수 없다. 이 모든 발달은 인간을 이롭게 하는 선善한 것임에 틀림없다. 그러나 라멕은 셋째 아들의 청동기를 가지고 농사를 한 것이 아니라 사람을 죽였다. 이제는 무기를 가졌기 때문에 두려울 것이 없다. 그는 아리따운 두 아내를 옆에 끼고 둘째 아들의 악기에 맞추어 반역의 노래를 부른다. "나의 창상創傷을 인하여 내가 사람을 죽였고 나의 상함을 인하여 소년을 죽였도다. 가인을 위하여는 벌이 칠 배일찐대 라멕을 위하여는 벌이 칠십칠 배이리로다." 조상 가인은 겁쟁이라서 자기를 죽이는 사람을 피해 도망하였지만, 자기는 도망하지 않고 맞서 싸우겠다는 것이다. 하나님의 보호 따위는 이제 필요가 없어졌다.

의복, 축성술築城術, 악기, 청동기 등 이 모든 것들은 문명의 '이기'利器이다. 이것들은 선한 것이고 사람을 즐겁게 하는 것이다. 그러나 사람들은 이를 악하게 사용하기로 결심하였다. 그리고 그런 결정이 '구조'와 '제도', '문화'와 '환경'으로 고착된다. 후대에 태어나는 아기들은 태어나기도 전에 이미 굳어진 환경 속에서 태어나고 자라고 교육받는다. 그 악한 것을 당연시하도록 말이다. 물론 새로운 세대에게도 분명히 선택권이 주어져 있다. 그래서 하나님은 이들의 잘못된 선택에 대하여 징벌할 수 있는 것이다. 그러나 그들이 의로운 길을 선택하기는 점점 더 어려워진다. 우리 문명 곳곳에 악이 스며들어 있어서 이를 따라가다 보면 자연스럽게 멸망으로 가게 된다. 우리는 창세기의 첫 몇 장이 보여주고 있는 문명과 문화에 대한 반감反感을 읽을 수 있어야 한다. 인간의 문명은 결국 노아 홍수로 끝을 내고 말 수밖에 없는 것이다.

다시 처음 질문으로 돌아가자. 문화는 하나님이 우리 인간들에게 주신 창조력의 소산으로서 우리가 적극적으로 계발해야 할 것인가, 아니면 타락한 인간들이 자신의 소외와 죄악을 감추기 위하여 만든 방편인가? 자연과 마찬가지로 문화에도 역시 하나님의 선한 창조와 인간의 타락으로 인한 죄악이 긴장을 이루고 있음을 알 수 있다.

02 문화명령과 문화 타락의 긴장관계

(1) 주술적Magical 태도

이러한 문화와 문명의 긴장관계를 쉽게 설명해 버리려고 하는 시도들이 있을 수 있다. 그 첫째의 가능한 시도는 피조물과 문화현상 중에서 어떤 것은 원래 선하고 어떤 것은 원래 악하다고 구분을 지어놓는 것일 것이다. 이를 주술적magical 해결 방법이라고 이름 붙일 수 있다. 구약성경 레위기에 나오는 정결법purification ritual을 이러한 시도로 보는 사람들이 있다. 정한 음식과 부정한 음식, 정한 짐승과 부정한 짐승, 정한 병과 부정한 병, 정한 시기와 부정한 시기, 정한 장소와 부정한 장소, 정한 사람과 부정한 사람을 의식적, 주술적으로 구분하는 것이다.[2) 어떤 종류의 음악은 좋고 어떤 악기는 근본적으로 마귀의 것이며, 술·담배는 그 속에 악마의 기운이 들어가 있는 것이고, 바코드 가운데에 666 마크가 새겨져 있으며, 〈라이언 킹〉 영화는 마술사가 나오므로 악마적인 것이고, 어떤 직업은 그리스도인이 가져서는 안 되고 어떤 직업은 괜찮으며, 십일조는 하나님의 것이고 십의 구는 세상의 것이다. 어떤 민족은 태어날 때부터 선하고 어떤 민족에는 악의 피가 흐르고 있고, 남자는 선하고 여자는 선한 남자를 유혹하는 악의 화신이라고 하는 사람들도 있다. 종

---

2) 뒤에서 이야기하겠지만, 레위기의 정결법은 진정한 의미에서 주술적인 것은 아니다.

교적으로 선한 것과 악한 것을 구분하고, 부정한 것과 재수 없는 것을 지정한다. 악으로부터 선을 보호하기 위하여, 축사逐邪, 부적, 성수 뿌리기 등의 주술적 방법을 통하여 악을 제압할 수 있다고 한다.

이러한 '주술적' 구분이 가지고 있는 오류를 두 가지로 생각할 수 있다. 첫째, 인간의 죄의 깊이를 고려하지 않는 위험성이다. '형이상학적'으로 어떤 것은 그 속에 악이 내재해 있고 어떤 것은 원래부터 선하다고 할 때, 그 선한 것을 사용하는 인간의 죄악을 고려하지 않을 위험이 있다는 말이다.

성경에서는 이러한 주술적인 선악 구분을 반대한다. 예를 들어보자. 구약의 선지자들은 언약궤나 성전聖殿 그 자체를 신성시하려는 모든 시도에 대하여 제동을 건다. 성전은 그 자체가 거룩한 것이라기보다는 하나님의 이름이 있는 곳이기 때문에 거룩한 것이고, 인간이 하나님을 거역하면 거룩한 성전이라도 하나님이 버리신다고 용기 있게 말한다. 신명기나 예레미야서書에서 형식보다 '마음'의 중요성을 강조한다. 신약에서는 말할 것도 없다. 예수님은 제도와 관습에 치우쳐 하나님을 사랑하는 마음을 결여한 율법 준수에 대하여 위선적이라고 꾸짖었다. 유대인은 안식일에 아무 일도 하지 않는데, 예수님이 안식일에 병을 고쳤다고 해서 예수님을 비판하였다. 이에 대하여 예수님은 "나는 자비를 원하고 제사를 원치 아니하노라" 라는 말씀을 상기하라고 하셨다(마12:7). 또한 식사 전에 손을 씻는 종교적 규례를 지키지 않았다고 비난하는 사람들에게, "입에 들어가는 것이 사람을 더럽게 하는 것이 아니라, 입에서 나오는 그것이 사람을 더럽게 하는 것이니라."(마15:11)고 가르치셨다. 사도 바울도 로마서 2장에서 이러한 자기만족에 빠져 있는 율법주의자에 대하여 반대한다. "표면적 유대인이 유대인이 아니요, 표면적 육신의 할례割禮가 할례가 아니라. 오직 이면적裏面的 유대인이 유대인이며 할례는 마음에 할찌니."(롬2:28-29상)라고 기록한다. 인간의 마음이 따르지 않는 성물聖物이나 제도가 인간을 의義로 이끈다는 '자동주의'automatism를 철저하게 반대한다.

이러한 자기만족과 위선이 '기득권'을 가진 사람들의 배타성과 결합할 때 사회적 위험성이 더 크게 나타난다. 즉 그 제도와 법을 지킬 수 있는 자기들은 의로운 사람들이며 이를 지키지 못하는 사람들은 '죄인'이라고 치부하는 것이다. 예수님 당시의 기득권자인 바리새인과 사두개인이 자신들의 혈통과 전통을 강조하면서 사회적 약자들을 억압하고 정죄하였다. "자기 땅에서 이방인"이 된 이 아웃캐스트(outcast)들에 대하여 예수님은 무한한 애정을 가지셨다. 누가복음 15장의 잃은 양과 잃은 아들의 비유에서, 우리는 바리새인에 대한 질책과 약자들에 대한 사랑을 읽을 수 있다.

오늘날의 예를 좀 들어보자. 예를 들어 고급문화와 대중문화를 철저하게 구분하여 고급문화만이 교회에서 사용될 수 있다고 생각하는 사람들이 있다. 기타나 드럼은 안 되고 피아노나 오르간만 고집하는 경우이다. 물론 피아노와 오르간이 좋은 악기임에 틀림이 없고 그것을 통하여 많은 사람들이 감동을 받는다. 그러나 피아노곡은 모두 선한 것인가? 피아노만 친다면 그 피아노 치는 반주자의 마음과 관계없이 자동적으로 거룩한 음악이 되는 것은 아니다. 교회에서 피아노 반주하는 것이 고상해 보여서 피아노에 별 재능도 흥미도 없는 아이에게 억지로 가르쳐서 반주하게 하여, 부모는 흐뭇해하고, 자식에게는 특권의식을 심어주며, 가지지 못한 많은 아이들의 부러움과 시샘의 대상이 되는 것이 반드시 선한 것은 아닐 것이다. 피아노를 둘러싼 거액의 레슨비費와 대학 입시에서의 부정 등을 말하지 않더라도 말이다.

선한 것과 악한 것, 정한 것과 부정한 것을 주술적으로 구분하려는 시도의 두 번째 오류는, 그 '악한 것', '부정한 것'이 그렇게 철저하게 악하고 부정한 것이냐 하는 문제이다. 부정한 것처럼 보이는 가운데도 선한 것이 있다. 악기나 리듬은 '가치중립적'neutral인 것이 아니라, 하나님이 인간에게 부여하신 선한 창조력을 사용하여 만든 선한 것이다. 클래

식만 선한 것이 아니다. 재즈 음악에도 감미로운 아름다움이 있고, 아름다운 것은 선한 것이다. 심지어 헤비메탈에서도 '자유'의 혼을 찾을 수 있다. 자유는 좋은 것이다.

(2) 윤리적Ethical 태도

이미 현대 지성인은 '주술적' 태도를 좋아하지 않는다. 대신 이들은 '윤리주의'라고 이름 붙일 수 있는 태도를 취한다. 온 세상의 만물들과 갖가지 문명의 이기들은 중립적인neutral 가치를 가지고 있고 이를 사용하는 사람에 따라서 그 선악이 구분된다고 주장하는 것이다. 사람의 선택을 강조한다는 점에서 '윤리적'ethical이라 이름 붙일 수 있다. 예를 들어, 돈 그 자체가 악이 아니고 "돈을 사랑함"이 악의 뿌리가 된다고 한다. 학문sciences은 하나님이 주신 창조력을 가지고 세계를 설명하고 변화시키려는 것이므로, 그 자체가 악한 것이 아니라고 한다. 마치 방이 여럿이라도 그 방에 도달하는 복도가 하나인 것처럼 학문의 끝은 유신론/무신론으로 나뉘어진다해도 학문적 방법은 존중되어야 한다고 말한다.[3] 음악의 곡조보다도 그 가사에 의해서 또는 부르는 사람의 의도에 따라서 그 음악의 좋고 나쁨이 가려진다. 이런 주장의 논리를 밀고 나가 모든 종류의 마술적인 요소들은 기독교에서 추방되어야 한다고 한다. TV든지 컴퓨터든지 핸드폰이든지 현대문명의 모든 이기들이 하나님을 위하여 선교를 위하여 사용되기만 하면 다 좋은 것이다. 다 '일반 은총'common grace의 영역 속에 있는 것이기 때문에 얼마든지 선하게 사용할 수 있다고 주장한다.

이는 대단히 그럴 듯한 말이고 옳은 측면이 있다. 그러나 이러한 생각에도 맹점이 있다. 바로 인간 타락으로 인한 악함을 과소평가하였다는 점이다.[4] 어떤 문명이든지 그 문명을 창조한 사람이 있을 것이다. 그의

---

3) 이렇게 주장하는 대표적인 기독교인으로서, 조지 마스덴, 조호연 역, 『기독교적 학문연구@현대 학문세계』 (서울: IVP, 2000)를 들 수 있다.

의도는 한편으로는 선하지만 다른 한편으로는 악하다. 그 악함이 그 문명 속에 배어 있게 되는 것이다. 창시자의 악함이 제도를 통하여 전달, 계승되고, 다음 대(代)에 가서는 확대되기 마련이다. 모든 정치와 경제와 문화는 악한 인간들의 도덕적 죄악성의 총집합체로서, 그 제도는 다시 죄를 즐겨하는 연약한 인간들에게 방대한 영향력을 미치게 된다. 예를 들어, 재즈 음악은 처음부터 노예들의 성적(性的) 욕구를 발산하는 통로로 만들어졌으며, 헤비메탈에는 반역적인 기운이 농후하다. 듣는 이들의 마음을 흥분시켜 정신적 공황 상태를 만든다.

한 가지 예를 더 들어보자. 4년에 한 번씩 열기를 불러 오는 피파 FIFA 월드컵에 대하여 생각해 보자. 윤리주의자들에 의하면 월드컵은 하나님의 '일반 은총'에 의하여 인간이 만들어 낸 제도일 것이다. 그 월드컵은 중립적인 가치를 지닌 것이므로, 이를 어떻게 사용하느냐에 따라 선과 악이 판가름 난다고 생각할 것이다. 우리 민족은 월드컵을 우리 민족 도약의 기회로 삼았고, 특별히 길거리 응원전을 통하여 남녀노소가 함께 즐기고 애국심을 진작시키는 계기로 만들었다. 또한 태극전사들 가운데 몇 명의 스타들이 신실한 그리스도인으로서 골을 넣고 기도하는 장면이 중계될 때 선교의 기회가 되었다고 좋아하는 신자들도 있었다. 다 옳은 것 같지만, 이렇게 말할 때의 문제점도 있다. 월드컵이라는 제도가 가지고 있는 죄악성에 대하여 깊이 보지 못한다는 것이다. 피파의 전횡과 상업주의가 우리의 눈살을 찌푸리게 하는데 이것은 결코 한 두 사람의 윤리적 결단만으로는 해결되지 않는다. 또한 월드컵과 같은 체육 행사는 현실을 잊어버리게 하는 아편과 같은 역할을 한다. 월드컵이 열리는 동안에도 굶는 사람은 굶고 전쟁은 계속된다. 월드컵은 결국 돈 있는

---

4) 인간의 악함이 제도에 깊이 스며들어 한두 사람의 윤리적 결단으로 그 악을 제거할 수 없다는 통찰은 저 유명한 라인홀드 니버의 책에서 얻을 수 있다. 라인홀드 니버, 이병섭 역, 『도덕적 인간과 비도덕적 사회』(서울: 현대사상사, 1990). 또한 다소 통속적이고 또한 성경적이 아니기까지 하지만 그 논점은 이해할 수 있는 사상으로서 "가계(家系)에 흐르는 저주" 류(類)의 책들을 들 수 있다.

나라들의 잔치이다. 축구는 체력을 튼튼히 하는 운동이 아니라 사람들의 눈을 즐겁게 해 주고 그 대가로 돈을 벌기 위한 것에 불과한 것이 되었다. 운동 경기에도 스타 시스템star system이 작동하고 있다.5) 월드컵은 인간들이 모여서 하나님께 반역을 일삼는 바벨탑 문화의 전형이다. 윤리주의적인 태도는 월드컵 제도가 오랜 세월을 통하여 누적해 온 악惡에 대하여 그 심각성을 과소평가 하는 것이다.

이제까지의 이야기를 정리하자면 이 세상의 문화는 역시 하나님이 주신 창조물로서 악한 인간이 만들었다고 하더라도 그 안에 창조의 선함이 있다. 그러나 동시에 그 문화를 창조한 인간의 타락으로 인한 악함이 들어 있고, 또한 그 악함은 제도를 통하여 계승되고 악화惡化되기 마련이다.

(3) 구약성경 vs. 신약성경?

성경에서 이 긴장관계의 문제를 어떻게 다루고 있는지 잠시 살펴보도록 하자. 창조와 문화의 선함 및 타락 이후 피조물의 악함이 대조적으로 표현되어 있는 대표적인 예가 음식법dietary law의 문제이다. 구약 레위기와 신명기에 나타난 정한 음식과 부정한 음식의 대조는 분명 음식물 속에 어떤 도덕적인 가치가 들어 있음을 보여주는 것처럼 보인다. 다니엘은 이 음식 규례를 매우 심각하게 생각하였기 때문에 바벨론 포로가 되었을 때 그들이 제공하는 음식이 구약의 규례에 어긋나는 것을 알고 채소와 물만 먹었다.

그러나 신약에 와서 달라진다. 예수님은 "무엇이든지 밖에서 사람에게로 들어가는 것은 능히 사람을 더럽게 하지 못하되, 사람 안에서 나오는 것이 사람을 더럽게 하는 것이니라."(막 7:15-16)고 말씀하심으로써 음식물의 탈주술화脫呪術化, disenchantment의 근거를 마련하셨다. 구약에서 가까이 하지 않아야 하는 부정한 질병인 나병이나 여자의 혈루병血淚病 등

---

5) 스타시스템을 분석한 책으로, 강준만, 『대중문화의 겉과 속 1, 2』 (서울: 인물과 사상사, 2003)를 들 수 있다.

에 대하여 예수님은 관대한 태도를 취하셨다. 나환자를 만지시면서 그를 고쳐주셨고, 자신의 옷을 만진 혈루병 걸린 여인의 믿음을 칭찬하셨다. 이러한 예수님의 생각을 실천에 옮긴 것이 신약의 교회이다. 베드로는 "하나님께서 깨끗케 하신 것을 네가 속되다 하지 말라."는 하늘의 음성을 들었다 한다(행10:15). 바울은 이방인과의 접촉에 장애가 되는 음식의 규례에 대해서 과격한 파괴를 주장하였고 그 논리의 배후에 창조의 선함이 자리 잡고 있는 것이다. 하나님은 한 분이시고 "만물이 그에게서 났고," 그러기 때문에 우상에게 바쳐졌던 제물도 그 가운데에 마술적으로 우상의 기운이 있지 않다는 것이다(고전 8장). 그는 더욱더 직접적으로 "식물은 하나님이 지으신 바니 믿는 자들과 진리를 아는 자들이 감사함으로 받을 것이니라. 하나님의 지으신 모든 것이 선하매 감사함으로 받으면 버릴 것이 없나니"(딤전4:3-4)라고 쓰고 있다. 이러한 사도 바울의 과격한radical 태도는 "먹고 마시는 것과 절기나 월삭이나 안식일"에도 나타나고 있으며(골2:16-17), 또한 왕과 정부에 대해서도 마찬가지이다. "그는 하나님의 사자가 되어 선을 이루는 자니라."(롬 13:4)고 말할 때에 그는 모든 제도의 선함에 대해서 말하고 있는 것이다.

　　구약과 신약의 차이를 어떻게 해석해야 할까? 손쉬운 대답은 구약에서는 그러한 주술적 구분이 유효하였지만 신약에서 폐지되었다고 하는 것이다. 구약과 신약을 이런 식으로 구분하는 것이 언뜻 보기에는 옳은 것 같다. 그런데 이렇게 하려면 한 가지를 전제해야 하는데, 바로 구약 시대 사람들이 신약시대 사람들보다 미개하고 미신적인 신앙의 형태를 가지고 있어야 한다는 것이다. 우리보다 그 인지 능력 혹은 종교적 능력이 떨어진다는 것을 전제해야 한다는 것이다. 그러나 과연 그러한가? 영감 있는 시편의 저자인 다윗, 인간이 가질 수 있는 최고의 지성과 감성의 소유자 예레미야가 살고 있던 시대가 구약 시대가 아닌가? 신약의 저자들이 자신들의 주장을 증명하기 위하여 항상 돌아가기를 원하였던 것이 바로 구약성경 아닌가? "그 지혜와 총명이 온 나라 박수와 술객術客보다 십 배나 나았던" 다니엘이 미신적인 사고에 사로잡혀서 '그리스도인의 자유'를 얻지 못하였다는 말인가? 그럴 수는 없다! 만일 구약 사람들의 종교를 이렇게 미개한 것으로 치부한다면, 우리가 구약의 신앙 선조들을 우리 신앙의 모범으로 삼을 수 있겠는가?

물론 성경 안에 계시의 발전이 있는 것을 모르는 것이 아니다. 그리고 구약의 계시 내용은 신약의 그리스도에 와서 완성된 것도 사실이다. 하지만 하나님은 한 번도 미신적인 신앙을 허용한 적은 없다. 구약 성도들에게서도 가장 중요한 것은 종교적 형식이 아니라 '신앙'이었다. 그런데 신앙은 항상 외부적으로 드러나게 되어 있고, 또 드러나야 한다. 내적인 신앙이 외부로 드러나기 위해서는 항상 어떤 시대적 배경을 가지고 있다. 구약의 성도들은 자신의 신앙을 그들이 처한 사회적 상황에서 나타내야 할 필요가 있었던 것이다. 그 신앙이 바로 음식법 등의 의식법 ceremonial law으로 나타난 것이다. 구약 레위기의 정결법은 이런 방식으로 이해되어야 한다. 정결법 그 자체가 중요한 것이 아니라, 그것이 당시 상황에서 마음속에 있는 신앙의 표현이라는 점에서 중요하다. 정결법은 잘 지키면서 그 정신을 잊어버렸을 때는 가차 없는 책망을 들었던 것이다(사 1:10-20, 58:1-7).

예수님께서 음식이 사람을 더럽게 하는 것이 아니라고 할 때에는 구약의 정신을 그대로 반영한 것이었다. 예수님은 음식의 규례를 폐지하자고 한 것이 아니라 음식법의 근저에 있는 정신을 잊어버린 사람들의 위선적 행동에 대하여 경고하신 것일 뿐이다. 사도 바울의 경우는 약간 다르다. 그는 이방 선교를 담당한 선교사로서 새로운 상황에 놓여 있었다. 구약의 음식 규례가 더 이상 사람들의 신앙을 굳게 해 주는 도구로 사용되는 것이 아니라, 이방 선교의 장애물로서 역작용逆作用을 하고 있었다. 그래서 그는 담대하게 음식 규례의 시효가 지났음을 선포한다. 그러나 사도 바울도 이방인의 신앙이 관계된 곳이 아닌 예루살렘에서는 구약적 규례를 애써 지키려고도 하였다. 사도바울이 3차의 전도여행을 끝내고 예루살렘을 방문하였을 때, 그는 유대인의 전통에 따라 결례潔禮를 행하였고, 결례의 만기된 표시로서 머리를 깎았다(행21:21-26).

오늘 우리 시대에도 우리 신앙이 외부로 드러나는 것이 멈춘 것은 아니다. 오늘날의 우리도 우리의 신앙을 우리의 음식과 의복 등에서 보여야 한다. 현대 한국의 상황에서 술, 담배와 같은 음식이 그러한 음식 규례에 해당된다. 물론 술, 담배를 한다고 해서 구원받는 데 장애가 된다거나 혹은 이 문제 때문에 교회에 나오기를 꺼려하는 사람이 있어서는 안 될 것이다. 금주, 금연 등은 분명 우리의 상황에서 우리의 신앙을 드러내는 하나의 방편임에는 틀림이 없다.

(4) 창조의 선함과 타락의 긴장관계 정리

창조의 선함과 타락 이후의 죄의 오염의 긴장관계에 대하여 다음과 같이 몇 가지로 정리해 볼 수 있을 것이다.

① 죄의 영향력은 피조 세계와 문화와 인간의 제도들을 죄로 물들여 놓았다. 이는 인간의 타락이 가장 큰 원인이며 이 모든 사상과 제도의 배후에서 역사하고 있는 악한 영들의 세력 때문이다.

② 그런데 시대의 흐름에 따라서 어떤 분야에는 이 악의 힘이 더욱 강력하게 미치고, 하나님의 은혜에 의해서 어떤 분야에는 악한 힘이 자제되고 있는 경우도 있다. 음식의 문제는 구약시대의 사람들에게는 악에 의해서 오염이 쉽게 되는, 그래서 하나님의 백성과 이방인을 쉽게 구분할 수 있는 것이었지만, 이방선교시대에는 그 악의 힘이 하나님의 은혜로 감소되었다. 또한 알코올은 성서시대에는 거의 죄의 오염을 지니고 있지 못하였기에 술에 대해서 부정적으로 논하는 언사를 성경에서 찾아보기가 매우 힘들지만, 산업화 및 도시화 이후에는 술이 갖는 죄의 오염도는 매우 높아진 것이다.

③ 시대의 흐름에 따라서 윤리의 우선권priority이 다른 항목으로 전이

될 때, 이미 있던 주술적인 죄의 오염으로부터 그 문화나 물건을 해방시키기 위해서 우리는 창조의 선함에 그 정당성을 호소한다. 음식 규례가 그 적합성을 상실하였음을 간파한 사도 바울은 모든 창조의 선함을 들어 이것이 폐지되었음을 선언한다.

④ 그렇다고 해서 우리가 모든 창조물의 악의 오염으로부터 해방되었다고 할 수 없다. 시대의 변천에 따라 사탄의 전략에 따라서 또 다른 창조물을 오염시키는 것이다. 사도바울에 있어서는 그 윤리의 우선권이 음식 규례에서 부도덕과 음행의 문제로 옮겨간 것을 우리는 성경을 통해 볼 수 있다.

03 어떻게 판단할 것인가?

위에서 우리는 창조의 선함과 타락 후의 죄의 오염이 긴장을 이루고 있으며, 이것들이 어떤 식으로 긴장을 형성하는지를 정리하였다. 그렇다면 현재 우리에게 있는 문화현상들을 어떻게 판단할 것인가? 모든 피조물과 모든 문화현상들이 그 자체로 피조물로서의 선함도 가지고 있고 동시에 사탄의 도구로서 작용할 수도 있다고 하면, 어떤 한 문화현상을 보았을 때, 이를 선한 것으로 보아야 하는가 아니면 악한 것으로 보아야 하는가? 선과 악이 혼재되어 있는데 그렇다면 이를 행해야 하는가, 피해야 하는가?

예를 들어 한 크리스천 건축가가 있다고 하자. 세계 건축사에서 빼어놓을 수 없는 아름다움을 지닌 건물 중에 앙코르와트라는 힌두교의 신전이 있다. 매우 아름다운 건축물이며 인류 공통의 문화유적이다. 그 앙코르와트가 낡아서 붕괴의 위기에 있기 때문에 세계의 유수한 건축학자들이 모여서 이를 복원시키는 프로젝트를 진행하고 있다는 소식을 들었다. 그렇다면 과연 크리스천 교수가 그 프로젝트에 참여하는 것이 좋을까, 안 하는 것이 좋을까? 지금도 인도의 힌두교도들은 그 신전을 신성시하고 자신들의 신앙심을 진작시키는 데 사용하고 있다. 앙코르와트는 일반 은총의 산물로서 인류가 보존하고 가꾸어야 할 선한 문화인가, 아니면 하나님의 영광을 짐승의 형상으로 바꾼 이방 신전에 불과한가? 피파 월드컵에 대하여 언급하였는데, 월드컵이 좋은 문화행사이면서도 여러 가지 악이 깃들여 있는 제도라고 하면, 이를 관람하고 그 열기 속으로 들어가는 것이 좋은가, 피하는 것이 좋은가? 예배 때에 기타와 드럼, 그리고 재즈와 리듬앤블루스를 사용할 수 있는가?

답은 하나님의 선한 창조물로서 사용할 수 있으나, 엄격한 '검증'과 '순화'馴化의 과정을 거쳐야 한다는 것이다. 이러한 과정이 없이 세속의 문화가 곧바로 교회로 들어오게 될 때 그 세속 문화에 묻어 있던 악이 따라 들어온다. 청년들에게는 새로운 문화가 친숙하기 때문에 교회에 대하여 더 호감을 가질 수는 있을 것이다. 이런 의미에서 기독교를 대중과 친숙하도록 노력하는 미국 복음주의의 교회들의 노력이 의미가 있다. 그러나 대중문화와 기독교 문화에 차이가 없다고 하면, 교회가 하나의 문화로 전락될 위험이 있다. 반드시 일정한 검증 과정이 있어야 한다.

(1) 검증의 과정

세속 문화의 형식이 교회에 들어오기 전에 거쳐야 할 검증 과정에는 어떤 것들이 있을 수 있는가? 문화의 종류와 내용에 따라 각각 다르겠지만 대략 다음과 같은 것을 들 수 있다. 첫째, 직관적 판단이다. 인류에게는 공통으로 주어진 판단의 기준들이 있다. 우리가 직관적으로 판단할 수 있는 악이 있다. 예를 들어 더러움, 시끄러움, 부조화와 같은 것들은 신사이건 불신자이건 간에 그 악함을 쉽사리 알 수 있을 것이다.

둘째, 참고서로서의 성경이다. 성경이 피조계와 문화계의 선함과 악함을 판단하는 절대적인 기준은 될 수 없고, 역사적 상대성을 가진 참고 자료가 될 수 있다. '참고자료'라 하니까 성경의 권위와 충족성sufficiency 을 무시하는 것 같은데 그런 것은 아니다. 성경은 영원불변한 하나님의 말씀인 동시에 인간의 언어로 역사 속에서 쓰인 책이다. 인간의 언어로 쓰인 성경이 가지고 있는 역사적 한계를 인정해야 한다는 말이다. 성경 을 진지하게 보려하면 이 한계를 인정하지 않을 수 없다. 예를 들어 우상 의 제물이 구약에서는 철저하게 금지되어 있으나 신약에서는 신자들의 자유에 맡겨진다. 구약의 노예제도는 신약에 와서 별다른 언급이 없으나 빌레몬서 등의 예로 볼 때 폐지되는 것이 마땅하다.

셋째, 그 문화현상의 역사적 역할을 고려해야 한다. 인류의 역사를 통하여 악의 역할을 담당해 온 것은 지금도 그 역할을 할 수 있는 개연성 이 충분히 있다. 예를 들어 술 문제가 그렇다. 성경에서는 거의 금지되지 않으나 근대화, 산업화, 도시화되면서 자주 술은 마귀의 도구가 되어 왔 고, 현재 우리도 이로부터 자유롭지 않다. 피를 먹는 것은 구약과 신약에 있어서 공히 금지되어 있으나 현대에도 이것이 적용된다고는 생각지 않 는다. 피를 먹는 것이 한 때는 우상숭배와 동일시되었으나 이제는 피에 이런 주술적 효력이 있다고 믿지 않기 때문이다.

넷째, 시대적 조류를 알아야 한다. 현대 세계가 어떻게 구성되어 있 으며 이 시대를 흐르고 있는 정신이 어떤 것인지를 알 때에 우리는 무엇 이 악인지를 구분할 수 있게 된다. 성경에는 존재하지 않았던 자본주의 와 개인주의 정신이 어떻게 죄와 결합되어 악한 제도를 산출하고 악한 문화를 양산하고 있는지를 아는 것은 우리의 판단에 큰 영향을 미친다.

그런데 도대체 누가 검증하는가? 바로 '교회'가 검증한다. 이러한 문 화의 검증을 위하여 하나님이 교회의 권세자들을 세워 주셨다. 교회 내 에서 일어나는 문제라면 '당회'가 그런 일을 할 수 있고, 좀 더 광범위한 문제에 대하여는 노회와 총회에서 지침을 주어야 한다.

(2) 문화에 대한 상대적 태도

기독교 문화 운동을 하는 사람들의 탄식하는 목소리가 높다. 한국의 초창기 기독교에는 교회가 세상의 문화를 선도先導하였는데 지금은 세상 문화를 따라 가느라 급급하다는 것이다. 부활절 연극과 성가 경연대회와 자유로운 남녀 교제와 성탄절 선물교환과 같은 것이 세속의 문화를 앞서 갔던 것이 분명하다. 좀 더 크게는 찬송가를 통하여 서양의 음악 형식이 소개되기도 하고, 봉건주의를 타파하고 새로운 문물과 문화가 들어왔다.

그러나 교회의 문화는 세속 문화보다 한 발 늦게 가는 것이 좋다. 너무 앞서 나가다 보면 문화가 교회의 중심인지 하나님을 예배하고 기도하고 말씀 듣는 것이 먼저인지 모르게 될 때가 있기 때문이다. 교회 안에 멀티미디어 장치를 해놓고, 최첨단 위성 통신 시스템으로 화상 예배를 드리고, 최신 악곡의 대중음악에 가사를 붙인 CCM으로 찬송을 부르는 교회가 반드시 영성이 충만한 교회는 아니다. 대중문화계의 노력을 닮으려고 혹은 이를 선도하려 하다가 영혼을 잃는 경우가 많다. 문화는 깊은 종교성의 표현, 그 이상이 될 수 없다. 그렇다고 교회가 세속 문화에서 너무 뒤떨어지는 것도 문제가 있다. 세속문화로부터 유리되었다는 것은 더 이상 젊은이들에게 관심이 없다는 뜻도 되고, 또한 기존의 문화를 절대적인 것으로 생각한다는 뜻이기도 하다. 피아노와 클래식만을 고집하는 것의 부정적 요소에 대하여는 앞에서 이야기하였다.

둘째, 복고풍의 문화를 간직하고 있는 것도 좋다. 어쨌든 복고풍의 문화 형식은 오랜 검증 과정을 거쳐 살아남은 것이기 때문에 그렇다. 찬송가 바로 그 대표적인 예이고 또한 헨델의 메시아가 그것이다. 옛것을 고집하자는 뜻이 아니고, 옛것 중에 보편적 가치를 지닌 것을 죽이지 말자는 것이다.

04 결 론

　　문화적인 현상들을 볼 때에 우리는 두 가지 상반된 태도를 가져야한다. 하나님의 선한 창조물로서 이를 즐기고 이를 통하여 하나님의 영광의 풍성함을 맛보는 것이다. 사실은 가장 악한 것처럼 보이는 문화에서도 하나님의 선함을 발견할 수 있다. 폭력적인 영화 속에도 권선징악勸善懲惡이라는 하나님의 법의 일부가 반영되어 있고, 현대의 기술과 예술가의 창조력의 결합을 봄으로써 재충전을 느낄 수 있다. 그러면서도 죄의 오염이 곳곳에 스미어 있음을 볼 수 있어야 한다. 폭력적인 장면이 우리의 무의식에 끼치는 영향 외에도, 할리우드 영화의 제3세계의 문화 잠식, 영화라는 틀 자체가 가지고 있는 (또는 역사적으로 가져 왔던) 비성경적 가치관—보는 것에서 만족을 느끼면 인생이 행복해진다는 등의—을 염두에 두어야 한다. 어디까지 허용하고 어디에서 금지시켜야 할 것인가를 결정하는 것은 목회적인 혹은 개인적인 결단의 문제이다. 그리고 그 결단을 내리는 데 있어서는 위의 여러 가지 요소들을 신중히 고려하여야 할 것이다.

개혁주의 문화철학의 모색

이경직 | 백석대학교 교수

01 들어가는 말

21세기 한국의 화두 가운데 하나는 문화 또는 문화콘텐츠이다. 백석대 기독교철학 전공이 교육인적자원부로부터 '기독교문화콘텐츠'를 주제로 7년간 BK21 사업을 지원받게 된 것도 같은 맥락에서 이해될 수 있다. 실제로 2단계 BK21 사업에 선정된 사업단 및 사업팀의 주제에서 '문화' 또는 '문화콘텐츠'라는 용어를 심심찮게 볼 수 있다. 한국이 선진국으로 진입하는 과정에서 문화산업이 '굴뚝 없는 산업'으로 크게 주목받고 있다.

문화는 비기독교인에게뿐 아니라 기독교인에게도 중요하다. 인간의 제반 활동과 그 결과물인 문화가 지적 정보 및 감정 등을 전달하는 데 주요한 매체가 되며, 21세기에 새로운 매체를 통한 문화가 개발되는 과정에서 정신의 구현인 문화의 내용을 무엇으로 채울 것인가를 놓고 일종의 문화 전쟁 또는 영적 전쟁이 일어나고 있기 때문이다.[1] 그리고 교회는 문화라는 매개를 통해 사회와 만나며 기독교 복음을 전달한다. 그런데

---

1) 장경철, 『장경철 교수의 문화읽기』 (서울: 두란노, 2001), p. 15, p. 17.

한국 교회는 한국 문화에 제대로 뿌리내리지 못하고 있다는 지적을 받고 있다. 이는 대중문화와의 관계에서도 별반 다르지 않다.[2]

그동안 한국 교회는 문화에 대한 태도에 있어서 서로 상반된 태도를 취해 왔다. 보수주의 계열의 신자들은 개인적 신앙을 중시하여 문화를 소홀하게 대하는 일종의 방주신학을 좇았으며, 자유주의 계열의 신자들은 문화적 적용을 중요시하다가 복음의 본질을 놓치는 위험에 빠지기도 했다. 필자는 일반 문화의 일방적 수용을 통한 문화 우상화를 피하는 동시에 문화를 기독교와 분리시키는 이원론적 태도도 피해야 한다는 입장을 견지한다. 문화는 기독교와 분리되기보다 하나님을 섬기는 외적 표현이며, 우리가 삶의 모든 영역에서 하나님께 영광을 돌려야 할 활동이며 결과물이기 때문이다.[3] 장경철의 지적처럼, 문화 우상숭배는 "인간의 종교성과 죄성이 절묘하게 결합되어 나타나는 현상"이기에 우리는 문화를 외면하기보다 복음 전파의 계기와 수단으로 삼아야 한다.[4] 이와 관련하여 필자는 좁은 의미의 구속, 즉 개인 영혼의 구속만을 강조하는 방주신학적 세계관보다는 모든 것이 하나님의 섭리 아래 있다는 창조신학에 바탕을 두는 개혁주의 세계관이 오늘날 문화에 대한 우리의 태도를 세우는 데 유용하다고 주장하고자 한다.

필자의 이 입장은 1960년대 복음주의 진영에서 1960년대부터 시작해서 1973년 '시카고 선언'The Chicago Declaration에서 가장 잘 표현된 입장과도 맥을 같이 한다. 이는 그리스도인이 내세만 강조하는 신학에서 벗어나 이 세상에서 책임의식을 가져야 한다는 입장이다.[5] 필자는 기독교의 계시가 삶의 체계인 문화를 통해 우리의 삶의 정황 속에서 성육신되어야 한다고 여긴다. 이러한 성육신 과정에 예외가 되는 삶의 영역이

---

2) 임성빈, 『21세기 문화와 기독교』(서울: 장신대출판부, 2004), p. 5f.

3) 반틸, 이근삼 역, 『칼빈주의 문화관』(부산: 성암사, 1979), p. 5.

4) 장경철, 『장경철 교수의 문화읽기』, p. 86ff.

5) 로버트 E. 웨버, 이승구 옮김, 『기독교 문화관』(서울: 엠마오, 1984), p. 7.

란 아무것도 없다. 우리의 삶의 모든 영역은 하나님의 주권이 실현되는 곳이어야 하기 때문이다.[6] 하나님이 모든 것을 다스리시는 왕이시듯, 하나님의 형상을 지닌 인간은 하나님께 문화명령을 위탁받은 왕으로서 자연을 다스려야 한다. 그러한 활동과 그 활동의 결과가 바로 문화이며, 종말론적으로 임할 하나님 나라는 구원받은 백성뿐 아니라, (하나님의 명령에 따라) 역사 속에서 성취된 모든 문화도 받아들여진다.[7]

이와 관련하여 필자는 현세만 강조하는 입장도 피하고자 한다.[8] 필자는 창조의 아름다움과 죄의 추함을 모두 인정하며 양자의 긴장 가운데 문화의 양면성을 모두 보는 변혁적 세계관이 개혁주의 문화철학의 토대가 되어야 한다고 여긴다. 필자에 따르면, 우리는 우리 삶의 모든 영역에서 기독교의 복음을 구체화해야 하는[9] 동시에 이 과정에 개입되는 죄의 영향을 무시해서는 안 된다. 창조의 아름다움과 죄의 추함 사이의 긴장은 하나님 백성에 대한 하나님의 통치가 이미 이곳에 시작되었다는 사실과 그 통치가 완전히 이루어지는 일이 아직 이루어지지 않았다는 사실 사이의 긴장이기도 하다. 필자는 바로 이러한 종말론적 관점에서 개혁주의 문화철학을 세워나가야 한다고 생각한다.

02 문화 개념과 문화상대주의

필자는 개혁주의 문화 철학의 구도를 그려보기 전에 먼저 문화 개념의 성립과정을 간단히 살펴보고자 한다. 오늘날 우리가 살고 있는 포스트

---

6) 김영한, 『한국기독교문화신학』 (서울: 성광문화사, 1991), p. 5f.

7) 서철원, 『기독교 문화관』 (서울: 총신대출판부, 1992), pp. 12-20.

8) 원래 폴 마샬의 『천국만이 내 집은 아닙니다』 (서울: IVP, 2000)의 원 제목은 『천국은 내 집이 아닙니다: 하나님의 창조 안에서 사는 법을 배우기』(Heaven Is Not My Home: Learning to Live in God's Creation)이다. 원 제목과 번역 제목 사이에 어감의 차이가 있다.

9) 한스 로크마커, 김헌수 옮김, 『예술과 기독교』 (서울: IVP, 2002), p. 39.

모던 시대의 주류가 다원주의와 문화상대주의의 모습으로 나타나게 된 이유를 문화 개념 성립 과정을 통해 드러내고자 하기 때문이다. 이를 통해 다원주의 문화와 문화상대주의라는 흐름 속에서 기독교가 어떻게 복음 진리의 절대성을 문화를 통해 제시할 수 있는지 단서를 찾고자 한다.

(1) '문화'의 어원적 배경

원래 문화culture라는 말은 땅을 갈거나 경작한다는 의미의 라틴어 콜레레colere에서 나왔다.[10] 이 개념은 인간의 개입이 전혀 없는 자연 nature 개념과 대조되는 개념이었다. 이 개념은 땅뿐 아니라 정신이나 마음, 감정을 닦는 일도 포함하게 되었다. 따라서 문화는 유전적으로 전달되지 않고 사회적으로 전달되는 인간 활동과 그 결과물이라 할 수 있겠다. 이는 가장 넓은 의미의 문화로서 인간의 활동과 그 결과물을 뜻한다.[11] 좀 더 전문적으로 표현하자면, 문화는 자신의 생각(지적 측면)과 감정(정서적 측면), 행동(의지적 측면)을 조직화하는 데 사용되는 형식들의 통합적 체계이다.[12] 예를 들어, 언어와 관습, 도덕, 경제, 기술, 예술, 건축 유형, 놀이 양상, 법체계, 종교, 교육 체계, 양육 체계 등이 문화에 들어간다.[13] 동시에 보다 좁은 의미의 문화는 고차원적 수준에서 이루어지는 활동이나 활동 결과(예: 고전음악)이나, 여가 시간에 즐거움과 오락을 얻기 위해 하는 활동(예: 대중문화)을 뜻하기도 한다. 후자는 오늘날 문화산업이라는 표현 속에 담겨 있는 활동이다. 오늘날 문화, 특히 대중문화가 많은 관심을 받는 이유는 바로 즐거움과 오락을 주는 활동 및 그 결과가 경제적 이익을 가져다주기 때문이다.[14]

---

10) 반틸, 『칼빈주의 문화관』, p. 31.
11) 서철원, 『기독교 문화관』, p. 10f.
12) 임성빈, 『21세기 문화와 기독교』, p. 164f.
13) Anthony O'Hear, "Culture," in Edward Craig (ed.), *Routledge Encyclopedia of Philosophy* (London: Routledge, 1998), p. 746.
14) 장경철, 『장경철 교수의 문화읽기』, pp. 21-23.

기독교적 관점에서 문화를 정의하자면, 문화는 하나님이 창조하신 피조세계를 하나님이 정하신 질서에 따라 경작하는 일이다.15) 하나님의 형상을 지닌 인간은 하나님과의 관계에서만 자신의 본질을 얻는 종교적 존재이기에, 문화란 하나님께서 언약을 통해 인간에게 주신 사명이다. 기독교적 관점에서 볼 때, 종교(기독교)는 문화의 일부가 아니라 문화를 결정하는 요소이다.16) 달리 말하자면, 문화는 우리의 종교적 믿음을 표현하는 수단이다.17)

(2) 문화 개념의 출현과 문화상대주의

문화 개념을 위와 같이 이해할 때 인간이 이 땅에 있었던 순간부터 문화가 있었다고 말할 수 있다. 하지만 문화가 있었다고 해서 문화 개념이 바로 있었던 것은 아니다. 어떤 것이 존재하는 일과 그 존재를 인식하는 일은 다른 것이기 때문이다. 예를 들어, 인간에게 영혼이 있지만 서양에서 (신체와 독립된) 영혼이 자신에게 있음을 인간이 인식한 것은 기원전 4세기 말 플라톤에 와서이다. 마찬가지로 인류가 있었던 때부터 문화는 있었지만, 문화 개념이 본격적으로 나타난 것은 18세기 후반과 19세기 초반이었다. 문화 개념이 엄밀한 학문 용어로 사용한 것은 19세기에 들어서면서부터이다. 타일러E. B. Tyler는 『원시 문화』에서 전체적 삶의 방식을 이루는 요소들의 긴밀한 관계를 나타내기 위해 문화를 '저 복잡한 통일체'that complex whole라고 정의했다.18)

---

15) 리처드 니버, 김재준 역, 『그리스도와 문화』 (서울: 대한기독교서회, 1992), p. 38, p. 40; 웨버, 『기독교 문화관』, p. 13.

16) 반틸, 『칼빈주의 문화관』, p. 1.

17) Ibid., p. 30.

18) E. B. Tyler, *Primitive Culture* (London, 1871). 1986년에 Peter Smith Publisher에서 이 책의 1부에 해당하는 *The Origins of Culture*가 다시 나왔다. Raymond Williams, "Culture and Civilization," *The Encylopedia of Philosophy*, vol. 2 (New York: MacMillan and Free Press, 1967), p. 274 참조.

그런데 문화 개념이 본격적 연구대상이 되는 과정에서 문화는 문명 civilization과 구분되기 시작했다. 야만babarism 개념과 대조를 이루는 문명 개념과는 달리 문화 개념에는 그러한 대조가 없었다. 문화culture라는 표현은 원래 '땅을 경작하다'는 농경 문화적 표현이었으며, 도시 생활을 연상시키는 문명이라는 표현과는 달랐다. 이 시기에 문명은 소박한 시골 생활과 대조를 이루는 세련된 도시생활을 떠올렸다. 그 결과 문화는 인간 삶의 정신적 측면을, 문명은 그것의 물질적 측면을 대표하게 되었다.[19]

19세기 초반에 문화를 문명과 대조되는 의미로 사용하게 된 배후에는 그 당시 등장한 산업문명과 그것의 철학적 귀결인 기계론적 철학에 대한 낭만주의의 반발이 있었다. 새뮤얼 테일러 콜리지Samuel Taylor Coleridge와 토머스 칼라일Thomas Carlyle, 매튜 아널드Matthew Arnold 등은 문화가 자연적 성장을 나타내는 은유였다는 점에 주목하여 '자연적'이라는 개념과 '기계론적'이라는 개념을 대조시켰다. 낭만주의자들은 사회 현상을 설명하는 모델을 물리학과 역학에서 찾지 않고 생물학에서 찾았다. 물리학과 그 토대인 수학은 근대과학을 대표하고 있었으며, 일종의 보편학scientia universalis을 추구하고 있었다. 데카르트 이후 근대철학자들은 헬레니즘 시대에 꿈꾸었던 세계도시주의cosmopolitanism를 학문의 영역에서 이루고자 했다. 수학과 물리학은 그들에게 보편화할 수 있는 계량화quantification의 수단을 제공했다. 물리학과 역학을 사회 모델로 삼은 사람들은 사회와 문화의 발전을 일직선상에서 이루어지는 발전으로 여겼다.

인도와 페르시아, 중국의 문명들을 접한 낭만주의자들은 이에 반발해서 사회와 문화가 일종의 유기체처럼 자기 고유의 발전을 이룬다고 여김으로써 다선적이며 다원론적인 문화관을 내세우게 되었다. 그 결과 그들은 문화의 보편성에 맞서 민속과 민족전통을 강조함으로써 문화의 특

---

19) Ibid., p. 273.

수성을 내세웠다. 그들은 민족마다 고유한 문화와 예술 배후에서 나름대로 고유한 전제들을 찾고자 했으며, 서구 문명의 기준에서 각 문화의 특수성을 일방적으로 재단하는 일을 피하고자 했다.[20] 예를 들어, 헤르더 Herder는 인류의 통일성과 진보 개념에 반대하면서 인간 사회가 다원적이며, 그 사회들의 가치가 서로 통약될 수 없음incommensurability을 강조했다. 그는 각 사회의 유기적 본성을 강조하면서 일종의 중심화 centralization에 저항한다. 낭만주의자들이 문화에 대해 물리학의 인과적 설명을 포기하고 의미를 통한 설명을 채택하는 이유도 여기에 있다.[21] 예를 들어 스펭글러Spengler가 보기에 문명은 지역적 성격을 지니는 문화에서 벗어나고자 하는 운동이다.[22] 그 결과 문화는 다원주의를 지향하게 되었다.[23]

　　18세기 이전까지 비기독교철학자들은 이성을 중요하게 여기는 합리주의자들로서 이성을 통해 실재에 대한 참된 지식 체계를 세울 수 있다고 낙관했다. 18세기에 낭만주의가 등장하면서 역사와 전통 속에 있는 사회의 특수성이 강조되었으며,[24] 실증주의가 내세웠던 일직선적 사회진화이론이 거부되었다. 문명은 기술 발전을 통해 계속 축적되는 보편적인 것인데 반해 문화는 인간이 삶과 사회의 목적을 해석하고 철학과 종교, 예술 등을 통해 그 의미와 가치를 표현한 것이었다. 따라서 매우 다양한 문화를 유럽 문화의 가치 체계를 기준으로 평가해서는 안 되었다. 낭만주의와 더불어 '유일한 문화'the culture 개념에서 많은 문화 가운데 '하나의 문화'a culture라는 개념으로 넘어가게 되었다. 낭만주의에 따르

20) Ibid., p. 273.

21) O'Hear, "Culture," p. 746.

22) O. Spengler, *The Decline of the West*, ed. by H. Werner (Oxford: Oxford University Press, 1991) 참조.

23) 니버, 『그리스도와 문화』, pp. 40-45.

24) 프란시스 쉐퍼, 김기찬 옮김, 『그러면 우리는 어떻게 살 것인가? -서구사상과 문화의 부흥과 쇠퇴-』(서울: 생명의 말씀사, 1984), pp. 178-184.

면, 각 문화는 할 수 있는 한 그 문화 내부의 논리에 따라 연구되어야 한다.[25]

이상의 논의를 통해 우리는 문화상대주의가 19세기 진화론에 입각한 서구문화 우월주의에 대한 반동으로 등장한 사조이며, 문화 개념의 등장 배후에 문화상대주의가 있음을 알 수 있다.[26] 문화상대주의에 따르면, 각 문화는 그 자체의 기준에 의해서만 평가될 수 있다.[27]

(3) 예술에 나타난 문화상대주의

필자가 보기에 이러한 문화상대주의는 결국 포스트모더니즘에 이른다. 문화상대주의에 이르는 낭만주의는 보편적 문화관을 주장하는 모더니즘을 반대하면서 등장하였기 때문이다. 예를 들어, 예술에서 근대주의자(모더니스트)들은 초월성과 영속성, 보편성을 추구하는 데 반해 포스트모더니스트들은 다양성과 일시성, 익명성을 추구한다. 근대주의자들이 예술을 내적 구조의 차원에서만 분석되는 텍스트로 여긴 반면, 포스트모더니스트들은 텍스트를 컨텍스트context 속에서 읽고자 한다. 그 결과 포스트모더니스트들에게 텍스트는 인간의 삶과 사회, 자연과 밀접한 연관 속에서 읽혀져야 하며, 그 결과 텍스트의 의미는 수용자의 삶의 정황에 따라 변하게 된다.[28]

포스트모더니즘에 따르면, 의미는 객관적으로 존재하지 않고 그저 특정 시기의 사회에 의해 구성될 뿐이다. 인간은 사회적 산물인 언어의 감옥에 갇혀 있다. 인간은 집단의 구성원으로서만 존재하며 문화적으로 결정되어 있기에 개인의 독자적 정체성을 주장할 수 없다. 더 나아가서 포스트모더니즘은 각 문화가 고유한 현실을 형성한다고 여기기에 보편

---

25) Williams, "Culture and Civilization," p. 274f.

26) O'Hear, "Culture," p. 746f.

27) 김영한, "기독교와 문화", 「기독교와 문화」 (서울: 한국기독교문화연구소, 1987), p. 26.

28) 진 에드워드 비스, 오수미 옮김, 『현대 사상과 문화의 이해』 (서울: 예영, 1998), pp. 117-119.

적 인간성을 인정하지 않음으로써 휴머니즘을 거부한다.[29]

　　이러한 입장은 미술에서 후기 인상파 미술로 나타났다. 인상파 화가 모네Claude Monet, 1840-1926와 르누와르Pierre Auguste Renoir, 1841-1919는 눈에 보이는 것만을 화폭에 담았지만, 개체 배후에 있는 실재가 있는지 확신할 수 없었다. 세잔Paul Cézanne, 1839-1906와 고흐Vincent Van Gogh, 1853-1890, 고갱Paul Gauguin, 1848-1903 등 후기 인상파 화가들은 보편적 지식이 불가능하다는 세계관을 파편화를 통해 표현했다.[30]

　　이는 건축에서도 마찬가지이다. 1978년 필립 존슨Philip Johnson이 뉴욕에 설계한 37층짜리 AT & T 건물은 바로크 양식의 아치형 진입로를 갖춤으로써 다원주의를 대변한다. 포스트모더니스트들은 각 시대마다 다른 문화의 고유성을 모두 인정하기에 다양한 역사적 시기와 문화 환경을 본뜬 테마 공원이나 쇼핑몰이 각 시대의 역사를 병렬하고 있다. 전체를 통일하는 원리에 따라 분업 체계가 잡혀 있는 근대적 공장과는 달리 테마 공원이나 쇼핑 몰은 각 시대의 고유성을 전시할 뿐이며, 그 전시물 사이의 통일성은 없다. 수용자가 각기 다른 방식으로 각 시대의 문화를 즐기면 될 뿐이다.[31] 그 결과 포스트모더니즘은 다양성을 강조하며, 다양성을 인정하지 않는 현 질서에 대해 저항하며, 전통을 새롭게 강조한다.[32] 오늘날 각 민족과 국가마다 전통 문화 복구에 관심을 쏟는 것도 같은 맥락에서 이해될 수 있다. 하지만 포스트모더니스트들은 전통 문화를 복구할 때 그 내용보다 겉모양에 치중하는 경향을 보인다.[33] 그들에게는 모든 문화를 관통하는 보편적 의미란 없기 때문이다. 도리어 이런 방식으로 역사의 차이를 없애는 일은 정신분열적 모방으로 끝난다. 이렇

---

29) Ibid., p. 197f.

30) 쉐퍼, 『그러면 우리는 어떻게 살 것인가?』, p. 228.

31) 비스, 『현대 사상과 문화의 이해』, pp. 143-146.

32) 임성빈, 『21세기 문화와 기독교』, pp. 18-21.

33) 비스, 『현대 사상과 문화의 이해』, p. 182.

게 보편적 의미를 해체한 포스트모더니즘은 철저한 상대주의와 허무주의에 빠질 수 있다. 그 결과 진리 개념은 상대적이 되어 주관적 사설과 객관적 뉴스 칼럼이 서로 구분되지 않게 되었다.[34]

추상적인 철학을 현실 속에서 구체화하는 예술을 보면, 우리는 포스트모더니즘적 사고가 어디에 이르렀는지 알 수 있다.[35] 포스트모더니즘 예술은 하나의 단일한 양식 대신 많은 양식의 콜라주로 이루어진다. 근대주의자들이 과거를 현재와 무관하게 여겨 버렸다면, 포스트모더니스트들은 과거를 마음껏 사용한다. 예를 들어, 지상파 방송이 근대주의를 대표한다면 새롭게 등장한 케이블 TV는 포스트모더니즘을 대표한다. 이제 시청자는 현재를 생생하게 전달하는 지상파 방송뿐 아니라 텔레비전의 과거 역사를 보존하는 케이블 TV를 통해 모든 과거를 쇼핑하듯이 같은 시간대에 병렬적으로 볼 수 있다.[36] 그 결과 케이블 TV는 고정 시청자 층을 확보하며 각 시청자 층 사이에는 공통분모가 없게 된다. 시청자 사이에 포스트모더니즘의 해체주의가 구현되어 소위 게토Ghetto화가 이루어지는 셈이다.

예술 작품에서 시간을 넘어서는 초월성을 추구했던 근대주의자들과는 달리 포스트모더니스트들은 예술 작품을 시간과 긴밀하게 연결함으로써 덧없는 예술을 추구한다. 그들은 퍼포먼스performance라는 예술 양식을 선호한다.[37] 이제 예술 작품 자체는 미술관에 남아 있지 않으며 예술가들의 퍼포먼스를 담은 사진 기록 등만 미술관에 보관되어 있을 뿐이다.

34) 쉐퍼, 『그러면 우리는 어떻게 살 것인가?』, p. 250.
35) 비스, 『현대 사상과 문화의 이해』, p. 115.
36) Ibid., pp. 121-123.
37) Ibid., p. 125.

03 문화의 객관적 토대

위에서 살펴본 것처럼 서구의 문화 개념은 기독교를 불신하게 만들었으며, 기독교 선교를 일종의 문화제국주의라고 비난하게 했다. 문화상대주의를 배경으로 하는 서구의 문화 개념 등장은 기독교를 공격하는 데 사용되었다.[38] 하지만 그 결과 서구의 문화 개념은 시간을 넘어서는 보편적 진리 개념을 포기하게 하였다. 사실 서구의 근대주의 역시 중세 때까지 내려오던 기독교 세계관을 포기함으로써 보편적 의미를 제공할 수 없었다. 하지만 서구의 근대주의는 사람들의 삶을 조작하는 권위주의적인 절대주의 국가를 통해 보편적 의미의 공백을 대신했을 뿐이다. 기독교는 인간이 하나님의 형상에 따라 지음 받았다고 주장함으로써 다른 동물과 상이한 인간의 독특성과 우위를 정당화했지만, (홉스(Hobbes)와 같은) 근대주의자들은 사람을 기계로 취급함으로써 인간을 절대주의 국가의 조작 대상으로 보았다.[39]

서구의 포스트모더니스트들은 근대주의의 이러한 약점을 폭로했을 뿐이다. 그들에 따르면, 보편적 의미란 없으며 특정 계층의 이익을 반영하는 이데올로기가 보편적 의미로 가장하고 있을 뿐이다. 이렇게 서구 포스트모더니스트들은 진리 주장 배후에 일종의 권력에의 의지Willen zum Macht가 숨어 있다고 주장함으로써 일종의 결정론을 주장하기에 이르렀다. 여기서 각자의 의지가 충돌하는 경우 그 충돌을 합리적으로 해결할 수 있는 기준이 사라지는 셈이다. 이성적 해결이란 인간의 원초적 욕망 또는 의지의 가면에 불과하기 때문이다. 그 결과 서구의 문화 개념은 우리로 하여금 인간의 욕구 등이 인간의 이성적 판단을 결정한다는 일종의 결정론 내지 환원론(예: 하부구조가 상부구조를 결정한다는 마르크스주

---

38) Lamin Sanneh, *Religion and the Variety of Culture. A Study in Origin and Practice* (Valley Forge, Penn.: Trinity Press International, 1996), p. 1f.

39) 쉐퍼, 『그러면 우리는 어떻게 살 것인가?』, pp. 287-291, p. 299.

의)에 빠지게 한다.

쉐퍼는 현대 문화의 이러한 절망을 이미 잘 지적하고 있다. 그에 따르면, 르네상스 사상가 레오나르도 다 빈치(1452-1519)가 이미 현대 문화의 절망을 예견했다. 다 빈치에 따르면, 사람이 자신에게서 출발하여 수학의 논리성과 합리성만 추구한다면 개별자와 역학에만 이른다. 유한한 인간은 개별자들에게 통일성과 의미를 줄 수 있는 보편자에 이를 수 없기 때문이다.[40] 사르트르도 유한한 존재인 인간이 무한한 준거점인 하나님을 떠날 때 현실이 부조리함을 보여준 점에서 옳다.[41] 필자는 절대적 기준이신 하나님만이 개별자들에게 통일성과 의미를 줄 수 있다고 믿는다. 절대자가 있어야 지식과 윤리, 예술 등은 의미를 지닐 수 있다. 따라서 기독교를 떠난 현대 문화는 문화상대주의의 덫에서 벗어날 수 없다. 절대적 진리가 없는 경우 우리는 자신의 개별 의지에 따를 수밖에 없고, 그 결과 미적 기준이 합리적 기준을 대체하게 된다. 그 결과 포스트모던 시대의 종교는 무엇이 진리인가에 관심을 두기보다 사람들이 무엇을 좋아하며 무엇을 원하는가에 관심을 두게 되었다. 포스트모던 시대에 도덕은 보편적 진리에 근거를 두기보다 개인의 의지와 선택에 근거를 두게 되었다. 이 경우 개인의 선택 기준은 진리 여부에 있지 않고 자신에게 유익이 되는가에 있다.[42]

이는 포스트모던 시대의 교회에 나타난 현상을 이해하는 데 도움을 준다. 자유주의와 모더니즘 계열 교회가 쇠퇴하는 반면, 보수적이고 복음주의적인 교회가 번창하지만, 로날드 사이더가 『그리스도인의 양심선언』(서울: IVP, 2005)에서 잘 보여주듯이, 그리스도인의 윤리 수준은 비그리스도인의 윤리 수준과 별반 다르지 않다.[43] 사이더에 따르면, 그리

---

40) 프란시스 쉐퍼, 『프란시스 쉐퍼 전집 I: 기독교 철학 및 문화관』 (서울: 생명의 말씀사, 1972), p. 90f.

41) 쉐퍼, 『그러면 우리는 어떻게 살 것인가?』, pp. 176-178.

42) 비스, 『현대 사상과 문화의 이해』, pp. 242-245.

스도인의 낙태율과 비그리스도인의 낙태율은 거의 차이가 없다. 현재 한국 기독교, 특히 개신교가 한국 사회로부터 지적받고 있는 점도 바로 그리스도인의 삶과 관련되어 있다. 하나님의 말씀을 진리로 여기고 그 말씀을 삶 속에서 구현하고자 하는 진지한 그리스도인보다는 교회가 제공하는 문화와 위로에 더 관심을 두는 그리스도인이 많은 현실도 포스트모던적 문화를 반영한다고 볼 수 있다. 사람들은 종교를 선택하고 교회를 선택하는 기준을 진리 선포 여부에 두기보다 본인이 원하는 욕구를 얼마나 채워줄 수 있느냐에 두는 경향을 보이고 있다.

그런데 문화에는 인식적 차원과 감성적 차원, 가치적 차원이 있다. 각 문화는 사회 구성원들에게 어떤 지식이 옳은지 가르쳐준다. 또한 각 문화는 그 지식을 음악이나 미술, 춤, 연극, 영화, 문학 등의 매체를 통해 표현함으로써 무엇이 아름다운지 가르쳐준다. 그리고 각 문화는 사회 구성원들에게 옳은 가치가 무엇인지 가르쳐 준다. 그런데 이 세 가지 차원의 전제 역할을 하는 것이 바로 세계관이다.[44]

이 세계관은 기독교 세계관처럼 포괄적이어야 한다. 그렇지 않은 경우 예를 들어 예술은 분열을 경험한다. 그 결과 포스트모더니즘 예술은 보편적 의미를 잃어버렸다.[45] 포스트모더니즘의 보편성 상실은 기독교에도 영향을 주었다. 포스트모더니즘은 문화상대주의를 좇으면서 모든 문화를 받아들이기에 비합리적 종교라는 비난을 근대주의로부터 받아왔던 기독교에게 도움을 주었다. 기독교도 다양한 문화 가운데 하나의 문화a culture로서 자신의 입지를 확보할 수 있게 되었기 때문이다. 하지만 포스트모더니즘은 모든 문화적 가치를 상대화하기 때문에 기독교는 게토화되는 위험에 빠졌다.[46] 특정 시청자 집단이 특정 케이블 TV의 고객

---

43) Ibid., p. 262f.
44) 임성빈, 『21세기 문화와 기독교』, pp. 166-168.
45) 비스, 『현대 사상과 문화의 이해』, p. 175f.
46) Ibid., p. 179f.

이 되듯이, 그리스도인도 다른 문화와 단절된 하위문화로서 자신만의 서점, 현대음악, 텔레비전방송망, 학교를 갖게 되었다.

물론 이 현상이 기독교에 언제나 나쁜 영향을 미친 것은 아니다. 근대주의의 영향이 압도적인 상황에서 기독교는 숨 쉴 수 있는 자신만의 공간을 확보함으로써 더 강한 정체성과 공동체 의식을 가질 수 있도록 되었기 때문이다.[47] 하지만 여기에 안주할 때 기독교는 자신의 채널과는 다른 채널을 시청하고 있는 사람들에게 복음이 보편적 진리라고 주장할 수 있는 수단을 포기하기 쉽다. 또한 진리보다 욕구 충족이 중요한 기준으로 작용하는 포스트모더니즘 때문에 우리는 하나님의 말씀을 가르치는 교회를 찾기보다 우리의 욕구를 채워주는 교회를 찾기 쉽다. 오늘날 영적 헌신 없이 기독교 문화만 즐기는 명목상의 그리스도인nominal Christian이 많은 까닭도 여기에 있다.[48]

하지만 중요한 것은 우리의 감정이 아니라 그리스도의 십자가이다. 더구나 포스트모더니즘과는 달리 기독교에는 문화의 파편화를 극복할 좋은 세계관이 있다. 성경은 모든 인류가 혈족관계에 있다고 우리에게 가르치기 때문이다. 성경에는 절대적 기준이 있기에 사회적 불평등 등에 대해 옳고 그름을 말할 수 있다.[49] 이제 기독교는 포스트모더니즘에 굴복하기보다 포스트모더니즘도 구원의 대상으로 여겨야 한다.[50]

네덜란드의 기독교철학자 도예베르트는 18세기 낭만주의의 출현과 더불어 생긴 문화 개념의 함의를 잘 읽어낸다. 그에 따르면, 가치중립적인 문화란 없다. 모든 문화는 나름대로 세계관을 갖고 있으며, 그 세계관의 반영이기 때문이다. 그러하기에 문화를 알려면 세계관을 알아야 한다.[51] 그런데 그에 따르면, 각 문화가 시대정황 속에서 나름대로의 고유

---

47) Ibid., p. 185.
48) Ibid., p. 262f.
49) 쉐퍼, 『그러면 우리는 어떻게 살 것인가?』, p. 154, p. 156.
50) 비스, 『현대 사상과 문화의 이해』, pp. 147-149, p. 195.

성을 주장하듯이 각 세계관도 나름대로의 고유성을 주장한다. 그에 따르면, 우리는 어느 세계관이 다른 세계관보다 더 우월하다고 판단할 수 있는 합리주의적 기준을 제시할 수 없다. 즉, 순수하게 이론적인 출발점이란 없다. 여기까지 볼 때 그도 포스트모더니스트들의 대열에 합류하는 것 같다.

하지만 니체가 합리적 논의의 배후에 권력에의 의지가 숨어 있다고 본 것과는 달리 도예베르트는 합리적 논의와 문화 뒤에 종교적 출발점이 있다고 보았다. 이성을 보편성의 근거로 삼은 근대주의자들과는 달리 도예베르트는 인간의 마음heart을 보편성의 근거로 삼았다. 그에 따르면, 마음은 신앙을 통해 하나님의 계시를 받아들임으로써 생명이 시작되는 (잠4:23) 곳이다. 그에 따르면, 개별 문화의 한계 속에 매여 있을 수밖에 없는 인간은 초월적 존재와 만나는 마음을 통해 개별 문화를 넘어서는 초월적 목적과 의미를 향할 수 있다.52) 포스트모더니스트들이 문화를 특정 시공간에 의해 결정되는 것으로 여기는 반면에 도예베르트는 개별 문화들을 넘어서 개별 문화들을 평가할 수 있는 초월적 토대를 확보한 셈이다. 그에 따르면, 인간은 모두 종교적 존재이기 때문에 신앙을 전제하지 않고서는 문화가 불가능하다. 이를 통해 그는 모더니즘과 (형성기에 있던) 포스트모더니즘의 대립을 이성과 감성, 보편적 문명과 개별적 문화 사이에 성립하는 대립으로 보지 않고, 서로 다른 종교적 신앙 내지 세계관 사이에 있는 대립으로 본다.53) 이를 통해 그는 모더니즘과 포스트모더니즘을 기독교적 시각에서 평가할 수 있는 길을 열어준다.

카이퍼가 일반은총의 능력에 자유를 주는 것이 기독교 신앙이며, 기독교에 뿌리를 내린 문명만이 참된 문명이라고 이야기하는 까닭도 바로 여기에 있다.54) 그들에 따르면, 그리스도인은 절대자이신 하나님의 뜻

---

51) 김영한, 「기독교와 문화」, p. 14.
52) 반틸, 『칼빈주의 문화관』, pp. 231-233.
53) Ibid., pp. 250-252.

에 따라 하나님의 창조세계를 가꿈으로써 모든 문화 영역에 기독교적 가치가 구현되도록 해야 한다.[55] 도예베르트나 카이퍼는 헤겔의 종합synthesis에 반대하여 반정립antithesis을 강조한다는 점에서 개별 문화들을 연결해주는 보편적 원리를 부정한 포스트모더니스트들과 닮았다. 하지만 그들은 다른 문화에 대해 반정립으로 내세우는 기독교 문화가 보편적이고 객관적 진리에 근거하고 있다고 주장한다는 점에서 다른 하위문화들에 대해 관용을 주장하는 포스트모더니스트들과는 다르다.

04 기독교와 문화

(1) 세계관의 표현으로서의 문화

이상의 논의를 통해 필자는 종교가 문화의 한 부분이라는 견해를 반박하고 문화의 뿌리가 종교에 있음을 보여주었다. 반틸의 표현처럼, "모든 문화는 종교에 의하여 활기를 띤다."[56] 달리 말하자면, 기독교는 개인이 삶을 바라보는 근본 방식 내지 틀을 제공하며, 개인의 삶과 사회의 문화에 전제로 작용한다.[57] 또한 기독교의 복음은 문화를 통해 표현된다. 하나님 말씀의 성육신이 바로 기독교 문화이다.[58] 예술 등과 같은 문화는 세계관을 반영할 수밖에 없다. 필자는 문화의 올바른 전제로 기독교 세계관이 필요하다는 입장을 갖고 있다.

그런데 기독교 세계관 안에도 여러 가지 유형의 세계관이 있다. 기독교를 세상 문화와 분리하려는 내세 지향적 세계관과 기독교를 세상 문

---

54) Ibid., pp. 177-180.

55) 웨버, 『기독교 문화관』, p. 14f.

56) 반틸, 『칼빈주의 문화관』, p. 54.

57) 쉐퍼, 『그러면 우리는 어떻게 살 것인가?』, p. 19.

58) L. 뉴비긴, 나동광 옮김, 『현대 서구문화와 기독교』 (서울: 대한기독교서회, 1989), p. 10.

화와 종합하려는 세계관, 기독교를 통해 세상 문화를 변혁하려는 세계관 등이 있다. 이러한 세계관은 예술을 통해서 더 잘 드러난다. 예를 들어, 인간의 의지는 타락했지만 지성은 손상 받지 않았다고 주장함으로써 인간의 부분 타락을 주장하는 아퀴나스는 기독교와 세속문화의 관계를 종합이라는 모델을 통해 이해하고자 했다. 그래서 그는 성경의 가르침과 비기독교철학자의 가르침을 혼합했다. 그의 이러한 시각은 1365년 안드레아 다 피렌체Andrea da Firenze, ?-1377가 플로렌스의 산타 마리아 노벨라 예배당에 그린 프레스코화에 잘 나타나 있다. 그 그림 가운데 보좌에는 아퀴나스가 앉아 있으며, 아리스토텔레스 등 비기독교철학자들이 기독교철학자 아우구스티누스와 나란히 놓여 있다.[59] 이와는 대조적으로 창조주 하나님의 주권을 강조하는 개혁주의 세계관을 받아들이는 북유럽 화가 얀 반 아이크Jan van Eyck, 약 1390-1441는 빛과 공기를 마음대로 그리면서 자연을 강조하는 풍경화를 그렸다. 벨기에 겐트Ghent의 성 바본St. Bavon 대성당에 있는 '어린양 경배'Adoration of the Lamb, 1432에서 반 아이크는 가난한 사람들과 부자들이 그리스도께 나아가는 장면을 그렸다. 그런데 특이할 점은 이 그림의 배경이 매우 사실적 풍경을 담고 있어서 그리스도가 지금 살아 계신 분으로 묘사된다는 점이다.[60] 네덜란드 화가들의 사실주의 화풍의 배경에는 하나님의 선한 창조를 강조하는 개혁주의 세계관이 있었다.

리처드 니버Richard Niebuhr에 따르면, 기독교 안의 이렇게 다양한 세계관은 기독교 역사에서 모두 나타났기에 오늘날 그리스도인은 어떤 유형의 세계관을 택해야 하는지 혼란스러울 수 있다. 하지만 그는 살아계신 그리스도께서 다양한 세계관의 등장을 통해 그리스도의 일을 완성하신다고 확신한다. 그에 따르면, 그리스도는 모든 해석자들의 지혜를 초월하시면 그들의 부분적 통찰과 그 결과 나오는 견해 충돌을 이용하신

---

59) 쉐퍼, 『그러면 우리는 어떻게 살 것인가?』, p. 58f.

60) Ibid., pp. 76-79, p. 122.

다.[61] 게다가 그에 따르면, 어느 개인이나 집단을 한 유형의 세계관에 정확하게 일치시키기 어렵다.[62] 니버는 기독교 문화의 바람직한 모델을 하나로 제시할 수 없는 까닭을 인간의 부패성에서 찾는다.[63]

니버는 이러한 전제 위에서 기독교 세계관 안에서 문화를 보는 여러 시각들을 충실하게 소개하며 각 시각들의 장단점을 잘 설명해주고 있다. 니버는 그리스도의 계시를 현 상황에서 우리가 부분적으로만 이해한다고 여기며 각 시각들의 충돌점이 종말론적으로 해소될 것이라고 여긴다는 점에서 절대적 진리기준을 알 수 있다는 입장과 각 입장들을 병치해 놓는 포스트모던 입장 사이에 자리 잡는 셈이다. 그는 완전한 상대주의가 아니라 완화된 형태의 상대주의를 표방하는 셈이다. 하지만 실제적으로 그는 어떤 시각과 입장도 그리스도의 계시를 제대로 반영하지 못한다는 회의론에 동조하는 셈이다. 예를 들어, 눈을 가린 채 코끼리를 만진 사람들이 각기 '코끼리는 딱딱하다', '코끼리는 부드럽다'라고 주장할 때, 두 주장은 서로 모순되지만 코끼리의 어느 부위를 만지고 한 주장인지를 이해하는 경우 두 주장은 모순되지 않고 전체적 이해 속에서 한 자리를 차지할 수 있다. 하지만 그러한 전체적 이해를 얻지 못한 상태에서 우리는 각각의 주장을 통해 코끼리를 부분적으로 이해하기보다 전체적으로 오해할 수도 있다. 각 주장이 코끼리의 어느 부위와 관련된 주장인지를 알아야만 각 주장은 의미를 갖기 때문이다.

리처드 니버의 이러한 입장을 더 밀고 나가면, 실질적으로는 포스트모더니즘의 주장과 다를 바 없게 된다. 포스트모더니즘은 서로 양립할 수 없어 보이는 입장들에 대해 관용을 권하기 때문이다. 필자는 기독교 세계관 안에 다양한 세계관들이 동등한 지위를 주장하는 니버의 시각보다는, 변혁적 모델을 선택하는 개혁주의 세계관이 (비록 약점이 있을지

---

61) 니버, 『그리스도와 문화』, p. 9f.
62) Ibid., p. 51.
63) 웨버, 『기독교 문화관』, p. 15.

46 개혁주의 문화철학과 문화콘텐츠

라도 본질적으로) 올바른 기독교 세계관이라고 여기는 입장을 택하고자
한다.

(2) 개혁주의 문화철학

앞서 살펴보았듯이, 19세기 낭만주의는 인간 이성을 절대기준으로
삼은 18세기 계몽주의에 반기를 들었다. 18세기 계몽주의는 자유주의 신
학자들로 하여금 성경을 이성적으로만 이해하도록 부추겼으며, 그 결과
성경에서 비합리적인 요소들을 제거하고 기독교를 이성적 종교로 만들
고자 했다. 이에 대해 낭만주의는 주관성과 개인적 정서를 옹호함으로써
계몽주의적 신학에 반발했으며, 이후 실존주의가 나타날 길을 열어주었
다. 낭만주의는 성경의 기적 등을 비신화화非神話化하려는 자유주의 신학
의 문제점을 잘 지적하고, 기독교에서 종교적 체험 즉 하나님과의 인격
적 만남을 강조했지만, 또 다른 부류의 자유주의 신학을 낳았다. 낭만주
의는 계몽주의의 이성주의를 반대하는 과정에서 부르너E. Brunner나 바르
트K. Barth처럼 기독교에서 합리적 요소를 제거하는 신학을 낳게 했다. 바
르트와 같은 신학자들은 이성적 고찰의 대상이 될 수 있는 명제적 진리
propositional truth를 기독교의 진리에서 배제하고자 했다. 그 결과 그러한
신학은 포스트모더니스트들처럼 적어도 현재 우리가 절대적 진리에 이
를 수 없다는 입장을 취했으며, 결과적으로 기독교를 주관적이고 정서적
인 종교로 만들었다.

현재 우리의 상황이 18세기 계몽주의처럼 이성만을 강조하는 상황
이라면 신앙의 정서적, 주관적 요소를 강조해야 할 것이다. 실제로 미국
에서 일어난 영적 대각성 운동이 기독교의 본질을 회복시키는 역할을 했
다. 하지만 지나치게 신앙의 정서적, 주관적 요소만 강조하는 상황에서
우리는 균형을 회복하기 위해 신앙의 이성적이고 객관적인 요소를 강조
할 필요가 있다. 모든 것을 주관화하는 포스트모던 시대에 기독교는 객

관적 도덕과 진리를 강조할 필요가 있다. 이미 영적 대각성 운동의 2세대가 활동하던 당시 조나단 에드워즈Jonathan Edwards도 이 점을 간파했다.[64]

이와 관련하여 필자는 개혁주의 문화철학은 삼위일체 하나님의 계시를 바탕으로 삼아야 한다고 주장하며, 우리가 그 계시의 인격적 요소와 객관적(명제적) 요소를 모두 고려해야 한다고 주장한다. 하나님께서 자신과 세계에 대해 명제 계시를 주셨다는 사실이 참된 문화의 기초가 되어야 한다.[65] 우리는 초월적이신 하나님을 인격적으로 만나는 체험을 할 뿐 아니라, 성경에 비추어 그 체험을 해석할 수 있어야 한다. 이를 통해 하나님은 우리에게 우주와 우리 삶의 모든 영역에 대한 그분의 뜻을 보여주신다.[66] 따라서 우리가 성경의 원리에 따라 문화 작업을 하면 기독교 문화가 가능하다.[67] 개혁주의에 따르면, 성경은 우리에게 창조 교리, 타락 교리, 예수 그리스도를 통한 구속과 회복의 교리를 가르쳐 준다. 필자에 따르면, 이 교리들이 개혁주의 문화철학의 출발점이어야 한다.[68]

우선 창조교리는 그리스도인에게 문화를 만들어가야 하는 책임이 있음을 보여준다. 하나님은 자신의 형상에 따라 지으신 아담에게 땅을 '다스리고'(창1:26, 28), '정복하고'(창1:28), '다스리고 지키라'(창2:15)고 명령하셨다. 여기서 하나님의 형상과 모양이 무엇을 뜻하는지에 대해 신학자들 사이에 의견이 분분하지만, 적어도 이 개념들이 창조세계를 통치하시는 하나님의 주권이 인간에게 위임된 것을 뜻한다는 데는 대부분 동의하는 것 같다.[69] 하나님은 아담에게 그분의 창조세계를 다스리도록

---

64) 비스, 『현대 사상과 문화의 이해』, p. 289f.

65) 쉐퍼, 『그러면 우리는 어떻게 살 것인가?』, p. 5.

66) 반틸, 『칼빈주의 문화관』, p. 59.

67) 서철원, 『기독교 문화관』, p. 3.

68) 헤르만 도예베르트, 문석호 옮김, 『서양문화의 뿌리』 (서울: 크리스챤다이제스트, 1994), p. 154.

69) 웨버, 『기독교 문화관』, pp. 31-33.

48 개혁주의 문화철학과 문화콘텐츠

지키도록 위임하셨다. 결국 문화는 하나님과 인간 사이의 이러한 언약 관계를 통해 이해되어야 한다. 우리가 문화를 만드는 목적은 하나님의 주권이 우주의 모든 영역에 실현되게 함으로써 하나님께 영광을 돌리는 데 있다. "만물이 주에게서 나오고 주로 말미암아 주에게로 돌아감이라. 영광이 그에게 세세에 있으리로다."(롬11:36) 성경은 "만물이 다 너희 것임이라"(고전3:21)고 말하는 동시에 "너희는 그리스도의 것이요"(고전3:23)이라고 말씀한다.[70] 그리스도 안에서 문화를 포함하여 모든 것이 아버지 하나님과 화목을 이루었다(골1:14).[71]

기독교의 창조교리는 우리가 문화를 무조건 외면할 필요가 없음을 일깨워준다. 모든 문화가 우리의 통치 대상이며 돌봄의 대상이어야 한다. 이와 관련하여 1880년 암스테르담 자유대학교 설립에 즈음한 취임강연에서 카이퍼는 "만물의 주권자이신 그리스도에게 속한 인간 존재의 전 영역에서 '이것은 내 것이다'고 주장하지 않는 땅은 한 치도 없다"라고 밝혔다.[72] 또한 모든 인간이 하나님의 형상대로 창조되었다는 교리는 만인 대제사장설을 통해 모든 사람의 인격이 서로 평등함을 강조해주며, 하나님께서 각 사람을 부르신 인간 삶의 모든 영역이 소명의 장소로서 평등함을 강조해준다.[73] 이는 성聖과 속俗을 지나치게 구분하는 이원론적 신학을 배격하며, 그리스도인의 문화책임을 강조해준다.

그런데 개혁주의 신학은 창조의 아름다움뿐 아니라 죄의 추함도 강조한다. 성경은 우리에게 인간이 하나님께 반역했다고 말해준다. 누구도 이 점에서 예외가 없다. 개혁주의의 죄론은 인간과 인간 문화가 위대할 뿐 아니라 잔인하고 비참하기도 한 이유를 잘 설명해준다.[74] 그런데 인

70) 김영한, 「기독교와 문화」, pp. 15-26.

71) 반틸, 『칼빈주의 문화관』, p. 40.

72) Ibid., pp. 167-169.

73) 쉐퍼, 『그러면 우리는 어떻게 살 것인가?』, p. 102.

74) Ibid., p. 102f.

간이 죄 때문에 타락했지만 인간성을 상실한 것은 아니다. 인간은 윤리적으로 하나님에게서 멀어졌지만, 그의 종교성과 신 의식神意識, sensus deitatis은 간직한다. 달리 말하자면, 인간은 피조성의 구조는 유지하지만 그 기능을 상실했다. 하나님께서 인간에게 주신 문화 사명이 죄 때문에 무효가 된 것은 아니다. 죄를 지은 후에도 인간은 계속 번식하며 땅을 채우고 있다. 우리는 윤리적으로 하나님으로부터 멀어져 있지만, 일반은총 덕분에 여전히 그 분 안에서 살고 움직이며 존재한다(행17:28). 하지만 죄 때문에 인간은 하나님을 알지 못하고 이 세상을 궁극적 실재라고 생각하며, 이 세상의 것을 궁극적 목적으로 삼는다. 예술의 목적을 예술 자체에 두는 태도나, 세상에서 문화를 만드는 목적을 자연을 정복함으로써 자신의 욕구를 충족시키는 데 두는 태도가 그 예이다.[75]

　　'생육하고 번성하여 땅을 채우라'는 하나님의 문화명령이 아담 개인에게 주어진 것이 아니라 아담과 하와로 이루어진 공동체에게 주어진 것이듯이,[76] 죄로 인한 타락도 공동체의 타락으로 나타난다. 일종의 공동체를 이루기 위한 하나님과 인간 사이의 언약뿐 아니라, 서로 돕는 배필이 되라는 아담과 하와의 언약도 깨어졌다. 죄를 지은 후에 아담과 하와가 서로의 벗은 모습 때문에 부끄러워했다는 점에 주목할 필요가 있다. 오늘날도 정상적인 관계에 있는 부부는 서로 옷을 벗어도 부끄러워하지 않는다. 이러한 공동체의 파괴는 그들의 후손인 가인과 아벨 사이의 살인 사건으로도 나타난다. 가인의 후손들은 한 곳에 정착하지 못함으로써 절대자이신 하나님께 근거를 두지 못할 때 인간과 인간 문화가 보이는 덧없음을 잘 보여준다.[77]

　　기독교의 죄론은 렘브란트Rembrandt, 1606-1669의 예술 작품에 영향을 주었다. 렘브란트는 '십자가를 올림'Raising of the Cross라는 제목의 그

---

75) 반틸, 『칼빈주의 문화관』, pp. 73-80.
76) 아담 혼자서는 자손을 낳을 수 없다는 사실에 주목할 필요가 있다.
77) 웨버, 『기독교 문화관』, pp. 35-38.

림에서 그리스도를 십자가에 올리는 사람을 파란 화가 베레모를 쓴 사람으로 그린다. 이를 통해 그는 자신의 죄 때문에 그리스도가 십자가에 달려야 했음을 표현했다. 그는 자연을 잘 묘사했지만 무조건 선한 것으로 그리지 않았으며, 인간의 위대성뿐 아니라 인간의 잔인함까지 묘사했다. 그는 인간 현실의 타락한 측면을 외면하지 않는 리얼리즘을 보여주었다.[78] 이처럼 개혁주의 신학 전통에 있는 네덜란드 화가들은 선하신 하나님이 지으신 자연이 아름답다는 창조교리와, 타락 때문에 현재 자연이 비정상的abnormal이라는 죄 교리의 긴장 속에서 그림을 그렸다.[79]

이러한 긴장은 기독교와 문화 사이에 잘 반영된다. 성경에서 가인처럼 무고한 피를 흘리는 문화가 있는 반면에, 하나님과 계속 교제하는 사람들의 문화도 있다. 이는 모든 사회의 문화에 하나님의 뜻에 따라 문화를 발전시키고자 하는 사람들과 하나님과 무관하게 자기 뜻에 따라 문화를 발전시키고자 하는 사람들이 있음을 뜻한다. 이는 창조의 선함과 타락의 악함 사이의 긴장을 반영하기도 한다. 인간의 경우 이 긴장은 하나님의 형상에 따른 창조와 죄로 인한 타락 사이의 긴장이다.[80]

이 긴장을 다르게 표현하자면, 그리스도인은 세상에 살고 있지만 세상에 속한 자가 아니다. 기독교는 십자가의 종교이며 죄 때문에 비정상이 된 세계의 질서를 좇지 않아야 한다. 동시에 악한 자들 사이에 있는 세상도 하나님의 일반은총의 대상이다.[81] 카이퍼에 따르면, 하나님은 기독교를 비정상적 세상에 대해 반정립antithesis으로 제시하신다. 하나님은 세상과 적대 관계를 선언하신다. 예수님도 "나의 나라는 이 세상이 아니다"(요18:36), "내가 세상에 평화를 주러 왔다고 생각하지 말라. 평화를 주러 온 것이 아니고 검을 주러 왔노라"(마10:34)고 말씀하셨다. 바르트

---

78) 쉐퍼, 『그러면 우리는 어떻게 살 것인가?』, p. 116, p. 118.

79) Ibid., p. 197.

80) 쉐퍼, 『프란시스 쉐퍼 전집 I: 기독교 철학 및 문화관』, p. 97.

81) 반틸, 『칼빈주의 문화관』, p. 11f.

개혁주의 문화철학의 모색-이경직　51

주의자들은 그리스도가 세상에 오심으로써 대립 관계는 사라지고 속죄의 피를 통해 전 인류가 하나가 되었다고 주장한다. 반틸에 따르면, 반정립은 인간들 사이에 한계선을 긋지 않고 삶의 원리와 이념 사이에 한계선을 긋는다.[82] 하나님의 뜻에 따라 문화를 발전시키려는 사람들과 자신의 이익을 위해 문화를 발전시키려는 사람들이 언제나 명확하게 구별되는 것은 아니기 때문이다. 우리는 이웃을 섬기도록 부름 받았지만, 우리 자신의 이익을 추구하기도 하기 때문이다.[83]

이제 그리스도를 통한 구원과 회복을 이야기해야 할 때이다. 그리스도는 만물을 복종케 하시는 능력을 통해 인간을 그 분의 영광스러운 지체로 다시 살리셨다(빌3:21). 개혁주의 문화철학은 그리스도께서 종말론적으로 인간의 모든 문화를 하나님의 영광을 목적으로 하는 문화로 회복시키실 것을 믿는다. 또한 그러한 종말론적 기대가 현재 그리스도인의 문화 활동에 영향을 주고 있음을 인정한다. 그리스도인은 종말론적으로 성취될 하나님 나라의 문화를 이미 이곳에서 시작해야 한다.

그런데 그리스도의 구속사역과 관련하여 '이미'와 '아직' 사이에 긴장이 있다. 그리스도인은 이미 이곳에서 하나님 나라의 문화를 만들어가야 할 사명을 갖고 있다. 이 사명은 그리스도의 구속을 통해 이루어지기 시작하며, 그리스도의 대위임령the Great Mission과도 부합한다. '예수의 제자를 삼아 예수께서 분부하신 모든 것을 가르쳐 지키게 하라'는 대위임령은 '죄 때문에 하나님과 무관하게 된 삶의 모든 영역에, 문화 속에 하나님의 말씀(법)을 적용함으로써 모든 문화에서 하나님의 주권이 인정되도록 하라'는 거듭난 문화명령이기도 하기 때문이다. 따라서 개혁주의 문화철학에 따르면, 그리스도인은 세상 문화에 깃든 죄성을 간과하지 않아야 하며, 특정 문화를 복음과 동일시하지 않아야 한다. 동시에 그리스도인은 모든 것에 대한 하나님의 주권을 인정해야 한다(딤전4:4). 복음

---

82) Ibid., pp. 266-268, p. 270, p. 274.
83) 웨버, 『기독교 문화관』, p. 20f., p. 41f.

은 문화 속에서 이해되어야 하며, 하나님의 신비는 문화 속에서 체험되어야 하며, 신자는 문화 속에서 복음의 가치에 합당하도록 행동해야 한다. 그리스도인은 문화 속에서 복음을 구현함으로써(요1:14 참조) 복음 전파를 왜곡하기까지 하는 비정상적 문화를 변혁해야 한다.[84] 물론 이 과정에서 특정 시대에 복음을 전달하는 매체였던 문화를 절대화해서는 안 된다. 개혁주의에 따르면, 개혁교회가 계속 개혁되어야 하듯이, 복음의 구현인 기독교 문화도 끊임없이 변혁되어야 한다. 문화를 통한 복음의 완전한 성육신은 종말론적으로 가능하기 때문이다. 반틸에 따르면, 이러한 관점은 영원의 빛 아래에서 모든 것을 보는 칼빈의 문화관과 일치한다.[85]

그리스도인은 문제 상황에서 먼저 문제를 확인해야 하며, 자신이 참여하는 문화에서 죄 된 요소에 대해 저항해야 한다. 더 나아가서 그리스도인은 우리 문화가 기독교적 가치를 더 잘 반영할 수 있도록 문화의 구조를 변혁시키는 방법을 찾아야 한다.[86] 이 과정에서 우리는 더 이상 변혁될 필요가 없을 정도로 완벽한 문화를 만들어내지는 못한다. 그 일은 종말에 가서야 가능하기 때문이다.[87] 창조와 구속은 종말론 없이는 완성되지 못한다.[88] 하지만 변혁적 문화 모델을 좇는 개혁주의 문화철학은 그리스도인을 세계와 분리시키지도 않고 초역사적 구원을 바라면서 무조건 인내하라고 가르치지도 않는다. 그리스도는 각 문화에 있는 사람을 변혁시키는 우주적이신 분이시다. 변혁적 모델은 문화 변혁 노력을 통해 문화와 삶의 구조가 바뀔 수 있다고 낙관적으로 믿는다.[89] 여기서 '우주적'cosmic은 '우주와 관계하는', '매우 광대한'을 뜻한다. 달리 말하자

84) 임성빈, 『21세기 문화와 기독교』, pp. 59-62.
85) 반틸, 『칼빈주의 문화관』, p. 165.
86) 웨버, 『기독교 문화관』, pp. 24-26.
87) 니버, 『그리스도와 문화』, p. 47.
88) 웨버, 『기독교 문화관』, pp. 146-148.
89) 니버, 『그리스도와 문화』, p. 50.

면, 우주적 그리스도the cosmic Christ는 그리스도에 대한 다양한 이미지를 모두 담아내는 표현으로서, 창조와 구속을 통해 만물과 연관되시는 그리스도라는 뜻이다.[90] 변혁적 모델에 따르면, 그리스도는 현재 교회를 통치하시며 종말에는 만물을 통치하신다. 따라서 현재 시점에서 교회와 하나님 나라의 외연은 서로 일치하지 않지만, 종말에는 서로 일치한다. 이는 그리스도의 우주적 통치가 현재 교회를 통해 시작되었으며 종말에 온 우주에서 완성될 것임을 뜻한다. 따라서 교회는 온전한 기독교 문화를 만들어야 하며, 이 문화를 세상의 문화에 반정립antithesis으로 제시함으로써 세상의 문화를 변혁시켜 나가야 한다. 따라서 하나님의 말씀인 계시는 한편으로 문화의 옷을 입지만, 다른 한편으로는 문화의 부조리한 구조를 들추어내고 변혁시킨다.[91] 카이퍼가 창조의 중보자이신 그리스도에게서 생겨난 일반은총이 구속의 중보자로서의 그리스도께 기인하는 특별은총의 전제라고 주장하며 특별은총이 일반은총을 지배한다고 주장하는 까닭도 여기에 있다.[92] 문화 사명이 인류의 대표 아담을 통해 모든 사람에게 전해졌지만, 선교사명인 대위임령이 예수 그리스도의 교회에 주어진 까닭도 바로 여기에 있다. 개혁주의 문화철학은 중보적 왕직 mediatorial kingship을 지니신 그리스도가 역사의 중심에 서 있음을 믿는다. 역사의 주인이신 그리스도를 통하여 인간 문화는 의미를 갖는다.[93] 그리스도는 우주의 모든 것에 대한 절대적 주권을 사용해서 교회에게 모든 백성을 제자로 삼으라고 명령하셨다(마28:18). 따라서 그리스도의 제자는 하나님의 시각에서 세상과 문화를 보면서 기독교 문화를 발전시켜야 할 사명을 갖고 있다.[94] 그리스도인에게 문화 사명과 선교 사명이 서

---

90) 웨버, 『기독교 문화관』, pp. 8-12.

91) 김영한, 『한국기독교문화신학』, p. 19f.

92) 반틸, 『칼빈주의 문화관』, p. 193f.

93) Ibid., p. 278, pp. 283-300.

94) Ibid., p. 312f.

로 모순되지 않는 까닭은 그리스도인에게 선교 사명은 곧 문화사명이기도 하기 때문이다.95)

05 나가는 말

이 글에서 필자는 개혁주의 문화철학을 세우고자 했다. 필자에 따르면, 개혁주의 문화철학은 창조, 타락, 구속이라는 개혁주의 세계관에 토대를 두어야 한다. 이 세계관은 창조의 아름다움과 죄의 추함 사이에 긴장이 있음을 인정하는 동시에 그 긴장이 종말론적 완성을 통해 해소될 수 있음을 보여준다. 이 세계관은 현실 문화를 무조건 외면하는 방주론적 세계관이나 어설픈 종합을 통해 현실에 있는 긴장을 섣불리 봉합하려는 종합론적 세계관(예: 아퀴나스)보다 현실을 더 잘 설명해준다. 개혁주의 세계관은 창조의 아름다움을 인정함으로써 현실 문화를 긍정적이고 적극적으로 대하게 한다. 동시에 그 세계관은 죄의 추함을 강조함으로써 현실 문화의 무조건적 수용을 피하고, 현실 문화를 선교적 변혁 대상으로 삼는다.

또한 개혁주의 세계관은 삶의 모든 영역이, 모든 문화가 우주적 그리스도의 통치 대상임을 밝힘으로써 모든 문화가 구원의 대상임을 재확인시켜준다. 이를 통해 그 세계관은 그리스도의 선교명령이 궁극적으로 문화명령이기도 하다는 점을 잘 보여준다. 이 세계관은 현재 교회 안에서 이루어지는 그리스도의 통치가 종말에 온 우주에서 이루어져야 하며, 교회는 그리스도의 통치를 온 우주로 확장해야 하는 선교사명을 지니고 있음을 잘 보여준다.

필자는 이러한 개혁주의 문화철학이 이 글의 전반부에서 지적된 일

---

95) Ibid., pp. 327-329.

반 문화철학의 논의의 귀결점인 문화상대주의의 약점을 극복할 수 있는 대안이 될 수 있다고 생각한다. 계몽주의에 대한 반발로 18세기 후반에 낭만주의가 등장하면서부터 문화 개념이 문명 개념과 구분되어 조명받기 시작했다. 필자는 그러한 문화 개념의 등장과 발전 뒤에는 보편적 합리성과 보편적 진리를 부정하는 문화상대주의가 깔려 있음을 지적했다. 이는 결국 진리의 파편화를 긍정하는 현대 포스트모더니즘 사상과 포스트모더니즘 예술을 낳게 했다. 절대적 진리라는 '아르키메데스의 거점'을 잃어버린 현대인은 결국 인간의 합리성을 불신하고 그 합리성을 인간 욕구나 의지의 표현으로 여기게 되었다. 그 결과 바람직한 문화나 건전한 문화라는 표현을 사용할 수 없게 되었으며, 포스트모더니즘이 보여주듯이 각 문화를 가치평가 없이 병치시키는 결과를 낳았다.

하나님의 인격적 자기계시에 근거를 두는 개혁주의 문화철학은 합리성을 전면 부정하고 인간의 정서적 체험만 강조하는 낭만주의와는 달리 명제적 계시의 객관성을 인정함으로써 절대적 진리의 근거를 마련한다. 동시에 개혁주의 문화철학은 하나님 계시의 인격성을 강조함으로써 우주적 그리스도께서 교회를 통하여 모든 문화 속에서 하나님 나라를 확장해 가시는 사역을 인정한다. 그리스도인은 이러한 사역에 동참하도록 하나님의 부르심을 받은 소명자이다.

■참고문헌

김영한, "기독교와 문화", 『기독교와 문화』, 서울:한국기독교문화연구소, 1987.

김영한, 『한국기독교문화신학』, 서울:성광문화사, 1991.

뉴비긴, L., 나동광 옮김, 『현대 서구문화와 기독교』, 서울:대한기독교서회, 1989.

로버트 E. 웨버, 이승구 옮김, 『기독교 문화관』, 서울:엠마오, 1984.

맹용길, 『기독교 윤리와 생활문화』, 서울:쿰란출판사, 1993.

서철원, 『기독교 문화관』, 서울:총신대출판부, 1992.

임성빈, 『21세기 문화와 기독교』, 서울:장신대출판부, 2004.

장경철, 『장경철 교수의 문화읽기』, 서울:두란노, 2001.

진 에드워드 비스, 오수미 옮김, 『현대 사상과 문화의 이해』, 서울:예영, 1998.

프란시스 쉐퍼, 김기찬 옮김, 『그러면 우리는 어떻게 살 것인가?-서구사상과 문화의
　　　부흥과 쇠퇴-』, 서울:생명의 말씀사, 1984.

프란시스 쉐퍼, 『프란시스 쉐퍼 전집 I: 기독교 철학 및 문화관』, 서울:생명의 말씀사,
　　　1972.

한스 로크마커, 김헌수 옮김, 『예술과 기독교』, 서울:IVP, 2002.

헤르만 도예베르트, 문석호 옮김, 『서양문화의 뿌리』, 서울:크리스챤다이제스트,
　　　1994.

O'Hear, Anthony, "Culture," in Edward Craig (ed.), *Routledge Encyclopedia of Philosophy* (London: Routledge, 1998).

Sanneh, Lamin, *Religion and the Variety of Culture. A Study in Origin and Practice* (Valley Forge, Penn.: Trinity Press International, 1996).

Shaw, Charles Gray, "Culture," in: Hastings, James (ed.), *Encyclopedia of Religion and Ethics* (Edinburgh: T & T Clark, 1908).

Spengler, O., *The Decline of the West*, ed. by H. Werner (Oxford: Oxford University Press, 1991).

Tyler, E. B., *Primitive Culture* (London: Peter Smith Publisher, 1871).

Williams, Raymond, "Culture and Civilization," *The Encylopedia of Philosophy*, vol. 2 (New York: MacMillan and Free Press, 1967).

기독교 문화철학의 과제

최태연 | 백석대학교 교수

01 들어가는 말

　　문화culture란 말처럼 흔히 사용하면서도 정확하게 정의하기 어려운 말도 드물다. 문화는 눈에 보이지 않는 정신적인 내용들을 의미하는 것 같으면서 동시에 구체적이고 물질적인 내용을 의미하는 것 같기도 하다. 우리가 자신도 모르게 공기를 호흡하며 살아가거나 물고기가 알에서 깨어나자마자 물속에서 헤엄치는 것처럼 문화는 인간이 피할 수 없는 환경의 한 측면이다. 자연nature처럼 말이다. 그러나 문화는 자연과 다르다. 자연이 인간 이전부터 존재해 온 우주와 지구의 물질적 환경을 말하는 것이라면, 문화는 분명히 인간의 손길이 닿아 만들어진 환경을 말한다. 문화인류학자 타일러의 고전적인 정의처럼 문화는 "지식, 신앙, 예술, 도덕, 법률, 관습 등 인간이 사회의 구성원으로서 획득한 능력 또는 습관의 총체"라고 할 수 있다. 그렇다면 문화콘텐츠란 무엇일까? 문화콘텐츠는 바로 이 문화의 내용을 20세기 후반의 새로운 정보통신 테크놀로지와 미디어와 결합한 산물이라고 할 수 있다.[1)]

그렇다면 문화에 대해 여러 가지 질문이 떠오른다. 첫째, 문화는 인간의 삶에 어떤 역할을 하는 것일까? 둘째, 인류의 문화를 동일한 것으로 보아야 하는가, 아니면 다양한 것으로 보아야 하는가? 셋째, 문화는 인간의 자유에 근거한 주관적 의도에 의해 만들어져 왔는가, 아니면 어떤 필연적인 법칙에 의해 결정되어 있는 것인가? 그리고 마지막으로 문화의 미래는 열려져 있는 것인가, 아니면 종말을 향해 가고 있는가의 질문이다. 사실 이 글에서 위의 모든 질문에 자세하게 대답하기는 어렵다. 그러나 이 연구에서는 이러한 문화의 문제들을 염두에 두고 기독교가 문화의 내용인 문화콘텐츠를 어떻게 바라보는지를 논의해 나가려고 한다.

역사적으로 볼 때, 기독교는 대략 BC 2000년경에 가나안에서 시작된 이스라엘의 역사와 신앙을 배경으로 하여 AD 1세기에 성립된 종교이다. 그러나 기독교는 로마제국의 모진 박해에도 불구하고 제국 전역에서 신자를 얻어 마침내 AD 313년에는 밀라노 칙령에 의해 로마제국의 공인된 종교(392년 테오도시우스 1세에 의해 국교로 인정)가 되었다. 그 후 기독교는 유럽의 주도적인 종교로서 19세기까지 약 1500년 동안 유럽의 문화 형성에 결정적인 영향을 끼쳤다. 유럽뿐만 아니라 유럽인이 이주한 아메리카 대륙이나 오세아니아 지역에도 기독교 문화가 그리스·로마 문화와 함께 문화의 두 축을 이루고 있다. 흔히 서양문화를 헤브라이즘 Hebraism과 헬레니즘Hellenism의 결합으로 설명하는 이유가 여기에 있다.

그러나 20세기에 들어와서 기독교는 유럽화 되지 않은 다른 지역에서 놀랍도록 성장하여 전 세계 그리스도인 가운데, 비유럽인의 비율이 과반수를 넘어서게 되었다. 이제 기독교 문화를 유럽문화와 동일시하기 어려운 역사적 상황이 된 것이다. 이 상황은 기독교 문화가 본래 유럽문화와 반드시 일치하는 것은 아니라는 아주 기본적인 사실이 다시 드러나게 된 것이다. 그렇다면 기독교 문화란 무엇인가? 이 질문에 답하기 위

---

1) 최연구, 『문화콘텐츠란 무엇인가』 (서울: 살림, 2006), p. 41.

해서는 팔레스타인의 이스라엘 민족으로부터 시작되어 사도 바울에 의해 유럽화된 후, 이제는 전 세계로 확장된 기독교의 관점에서 문화를 바라보며 기독교의 문화이해를 모색해야 한다. 이것이 기독교와 문화를 연결하기 위한 시대적 요청이라고 할 수 있다.

기독교가 반드시 유럽문화와 동일시되지 않는다면 그러한 기독교의 문화관을 어떻게 얻을 수 있을까? 현실적으로 이것은 매우 어려운 일이다. 기독교의 신학과 교회의 모든 이론이 유럽의 문화 속에서 숙성되어 나왔기 때문이다. 가능한 한 가지 길은 모든 기독교 신학의 근거인 성경 the Scripture에서 문화를 보는 기본 시각을 얻는 방법이다. 성경은 대부분 유럽화 되기 이전의 이스라엘과 로마 지배 아래의 팔레스타인에서 형성되었기 때문이다. 위에서 언급한 대로 문화에 대한 일반적 질문에 대해 성경이 어떤 대답을 주는지를 탐구한다면 문화에 대한 기독교적 조망을 세워나가는 데 기초가 마련될 것이다. 이 글에서는 먼저 문화에 대한 일반적 정의와 성경적 세계관에 따른 문화의 이해를 비교한 후, 어떻게 개혁주의적인 문화관으로 인간과 문화의 질문에 대답할 수 있는지를 탐구해 볼 것이다. 이 글에서는 먼저 문화에 대한 일반적 정의와 성경적 세계관에 따른 문화의 이해를 비교한 후, 어떻게 기독교 문화관으로 문화의 질문에 대답할 수 있는지를 탐구해 볼 것이다.

02 문화의 일반적 정의

최근의 문화연구cultural studies에서는 모든 종류의 문화개념을 포괄하여 아래와 같이 다섯 가지로 구분한다.

① 인간의 생존을 위해 자연을 변형하는 기본적 행위인 경작과 사육

② 고도로 분화되고 조직된 사회를 만드는 행위인 문명화civilization

③ 인간의 세련된 취향과 정신을 표현하는 행위(교양, 학문, 예술)

④ 사회 구성원 다수의 사고방식이나 생활방식(가치관, 놀이, 관습, 사회제도, 대중문화)

⑤ 새로운 사회를 만들어 내는 실천수단으로서 이데올로기적 행위

　　문화를 이렇게 사회적 실천의 영역으로 확장하지 않더라도 영국의 문화연구가 레이먼드 윌리엄즈Raymond Williams는 문화를 다음 세 가지로 정의한다.[2]

　　첫째, 문화에 대한 '이상적'ideal 정의로서 문화는 절대적이거나 보편적 가치에 도달하기 위한 완성의 상태나 과정을 의미한다. 이러한 의미의 문화는 인류의 보편적이고 영속적인 가치나 질서를 형성시켜 주는 삶이나 작품에서 발견된다.

　　둘째, '자료적'documentary 정의는 문화를 지성이나 상상력으로 인류의 사고나 경험을 다양하고도 자세하게 기록된 작품의 전체로 규정한다. 이 정의는 앞선 이상적 정의와 유사하지만, 특정 사회와 전통에서 형성된 다양한 지적 내용을 가리킨다.

　　셋째, '사회적'social 정의는 문화를 일상생활 속에 나타나는 특정한 삶의 방식 전체를 의미한다. 이 정의에 따르면 문화는 생산방식이나 가족구조, 사회관계망의 제도, 사회구성원의 의사소통방식 등 문화 인류학 cultural anthropology에서 사용되는 문화의 정의에 접근한다.

　　결국 윌리엄즈가 정의한 세 종류의 문화는 크게 보아서 두 가지로 압축할 수 있을 것 같다.

　　첫째는 좁은 의미의 문화 개념으로서 지성과 상상력을 사용하여 얻

---

2) John Story (ed.), *Cultural Theory and Popular Culture. A Reader*, 2nd ed. (Athens: The University of Georgia Press, 1998), p. 48.

은 정신적인 노력의 산물인 철학과 사상, 학문과 예술(문학, 음악, 미술, 무용, 연극, 영화, 건축 등)이 여기에 해당한다.

둘째로 보다 넓은 의미의 문화 개념은 "삶과 죽음과 성애에 관한 의식과 체험, 식량 생산 방식과 식탁 예법, 농경과 사냥, 그릇, 도구, 의복의 제작, 주택 장식과 화장"3)까지도 포함하는 인간의 모든 일상 활동의 집합체를 의미한다. 바로 이러한 개념이 문화 인류학cultural anthropology의 문화에 대한 정의이다. 현대의 문화인류학은 그 창시자 타일러E. B. Tylor의 정의에 따라 문화를 대체로 "사고와 느낌과 행동이 유형화되고 반복됨으로써 한 사회의 구성원들에 의해 학습되고 사회적으로 획득된 전통들과 생활 습관들"4)이라는 가장 포괄적인 의미로 정의한다. 문화 인류학의 기본 관점은 문화는 개인 차원을 넘어 항상 사회 구성원들의 집단적 관계 속에서 일어나며 후천적으로 습득되고 새로 만들어진다는 것이다.

03 기독교 신앙으로 본 문화

(1) 창조의 관점

기독교는 하나님의 창조를 믿는 유신론적theistic 종교이다. 따라서 기독교는 문화를 단순히 인간 집단의 산물로 보기 이전에 창조의 관점에서 문화를 바라본다. 창조론으로 문화를 이해하는 방식은 위에서 살펴본 일반적인 문화 이해와 전혀 별개의 것이 아니다. 기독교도 문화가 고도의 정신적 산물을 포함할 뿐 아니라, 사회적 관습과 교육에 의해 얻어진 생활방식이라는 점을 인정한다. 그러나 기독교의 창조론은 이러한 문

---

3) C. A. 반 퍼슨, 강영안 옮김, 『급변하는 흐름 속의 문화』(서울: 서광사, 1994), p. 21.
4) Marvin Harris, *Cultural Anthropology*, 2nd ed. (N.Y.: Harper & Row, 1987), p. 2.

화가 하나님의 창조로부터 형성되었다는 점에 초점을 맞춘다. 더 나아가서 문화는 하나님의 특별한 뜻과 섭리에 의해 만들어 졌으므로 저절로 생겨난 것이거나 우연의 산물이 결코 아니라고 본다. 구약 창세기에서 문화는 하나님의 명령에서 출발한다. 창세기 1장 27과 28절은 이 사실을 증언하고 있다: "하나님이 자기 형상, 곧 하나님의 형상대로 사람을 창조하시되 남자와 여자를 창조하시고, 하나님이 그들에게 복을 주시며 그들에게 이르시되 생육하고 번성하여 땅에 충만하라. 땅을 정복하라. 바다의 고기와 공중의 새와 땅에 움직이는 모든 생물을 다스리라 하시니라." 여기서 문화는 두 가지의 중요한 의미를 갖는다. 첫째, 문화는 하나님과의 관계에서만 가능해진다. 하나님이 인간을 '하나님의 형상'imago Dei에 따라 창조했고 복 주시고 명령하시기 때문에 문화가 성립되었다. 그래서 이 구절을 "문화명령"cultural mandate이라고 부른다. 둘째, 문화는 인간의 모든 행위를 포함하는 넓은 의미로 이해되어야 한다. 하나님의 형상을 가진 인간이 이 세상에서 수행하는 모든—생육하고, 번성하고, 충만하고, 정복하고, 다스리는—활동이 바로 문화이기 때문이다. 이 문화명령에 의해 인간은 문화의 수행자이며 자연에 대한 관리자steward가 된다.

　　종교개혁자 칼빈의 전통을 따르는 개혁신학에서는 이 문화명령을 일반계시general revelation로 이해한다. 일반계시란 하나님이 온 우주를 창조하실 때 드러난 하나님의 신성神性과 인간 존재 안에 주어진 하나님의 능력을 설명하는 개념이다. 하나님은 온 우주를 창조하셨다(창1:1). 그러므로 시편 기자가 "하늘이 하나님의 영광을 선포하고 궁창이 그 손으로 하신 일을 나타내는도다"(시 19:1)라고 노래한 대로 우주는 하나님을 계시한다. 바울 사도가 "창세로부터 그의 보이지 않는 것들, 곧 그의 영원하신 능력과 신성이 그 만드신 만물에 분명하게 보여 알게 되나니 그러므로 저희가 핑계치 못할 지니라"(롬 1:20)라고 선언한 대로 만물에는 창조주 하나님의 영광이 드러나 있다. 일반계시는 하나님의 창조행위를 통해 드러난 하나님의 신성과 능력이다. 아담과 하와가 하나님을 반역하여 창조세계에 타락이 일어났을 때까지 인간은 일반계시를 통해서 하나님을 알 수 있었다.5) 또한 일반계시는 우주 안에서의 인간의 위치와 사명을 알려준다. 하나님은 우주를 창조하신 후, 인간을 '하나님의 형상' 대로 만드시고 "생육하고 번성하여 땅에 충만하라, 땅을 정복하라, 바다의 고기와 공중의 새와 땅에 움직이는 모든 생물을 다스리라"(창 1:28)는 명령을 주셨다. 인간을 "천사보다 조금 못하게 하시고 영화와 존귀로 관을"(시 8:5) 씌우시고 만물을 하나님을 대신하여 다스리고 관리하는 역할과 책임을 주신 것이다. 따라서 인간은 단지 생존하기 위해서 태어난 존재가 결코 아니다. 일반계시는 모든 인간에게 하나님의 뜻대로 세계를 관리해야 할 사명이 있음을 알려준다. 네덜란드의 개혁신학자 헤르만 바빙크Herman Bavinck는 일반계시라는 공통 기반 없이는 복음전도 자체가 불가능하다고 말한다. 일반계시를 통해서 기독교 신자와 비신자 모두에게 인간성, 즉 언어와 지성, 감성, 상상력, 의지력, 윤리성 등이 주어지지 않았다면 기독교 신앙을 비신자에게 전달하고 믿게 할 수도 없다는 말이다.6) 이처럼 일반계시는 모든 문화의 토대를 제공한다.

성경적으로 문화를 바라보기 위해서 또 하나의 신학개념인 일반은 총common grace이 필요하다. 일반은총이란 인간의 타락에 의해 이 세계가 오염된 후에도 여전히 전 우주와 인간에게 남아 있는 하나님의 은혜를 말한다. 타락한 인간은 더 이상 일반계시를 명확하게 깨닫지 못하고 하나님을 찾지 않음에도 불구하고 여전히 하나님의 은혜 아래 있다. 개혁신학은 이 은혜를 창조와 구속 사이에서 활동하는 '성령의 사역'으로 간주한다. 성령은 죄에 의해 오염되고 왜곡된 세계의 현실 속에서도 우주와 사회의 질서를 유지시키며 생명을 허락하며 인간에게 다양한 재능과 복을 허락한다. 이 은총에 의해 죄의 파괴적인 힘은 억제되며 인간 사

---

5) Louis Berkhof, *Systematic Theology* (Grand Rapids: Eerdmans, 1982), p. 36.

6) Herman Bavinck, *Reformed Dogmatics Vol.1*, trans. by J. Vriend (Grand Rapids: Baker, 2003), p. 321.

회에서 기본적인 정의와 도덕이 유지된다. 뿐만 아니라, 모든 학문과 예술과 과학과 기술이 추구되고 발전될 수 있다.[7] 일반은총이야말로 모든 문화형성의 근거가 된다.

(2) 타락의 관점

하나님의 창조와 계시를 통해 문화가 출발했지만, 모든 시대의 문화는 끊임없이 부패해 왔다. 왜냐하면 아담의 타락 이후, 모든 인간의 마음은 "하나님을 알되 하나님으로 영화롭게도 아니하며 감사치도 아니하고 오히려 그 생각이 허망하여지고 미련한 마음이 어두워"(롬 1:21)졌기 때문이다. 성경에서 인간의 타락이 문화에 끼친 영향은 적어도 다음 세 가지로 나타난다. 인간의 문화는 증오와 살인으로 어두워졌고, 서로 다른 언어를 쓰게 된 각 민족과 종족에 의해 분열되었으며, 그들이 만들어 낸 수많은 종교에 의해 혼돈에 빠지게 된 것이다.

첫째, 인간의 문화는 윤리적으로 부패해졌다. 아담과 하와가 낙원에서 추방된 후에 낳은 아들 가인Cain은 시기심 때문에 자기 형제인 아벨 Abel을 살해한다(창 4:8). 인류 최초의 살인은 형제에 대한 살인이었다. 그 후, 인간의 역사에서 증오와 살인과 전쟁은 점점 더 증폭되어 과학문명이 매우 발달한 20세기에 이르러는 다른 인종 또는 계급에 대한 편견과 증오에 의해 수백만의 인간을 가스실과 강제 노동수용소에서 살해하는 일이 벌어졌다.

둘째, 인간의 타락은 언어의 혼란과 그에 따른 인종과 민족의 분열을 가져왔다. 창세기 11장의 바벨탑 사건은 하나님에 대항하여 자신들의 권위와 안전을 극대화하려는 인간들의 시도가 실패로 돌아가고 언어의 혼란이 시작되었음을 보여준다. 인종과 언어의 분열은 인간 사이의 의사소통을 제한하고 문화 사이의 분열과 갈등을 낳았다.

---

7) Louis Berkhof, *Systematic Theology*, p. 434.

셋째, 종교적 타락은 '우상숭배'에서 나타난다. 인간은 하나님의 경고에도 불구하고(출 20:4) 나름대로 신을 추구하되, 창조주 대신 '다른 형상'을 만들어 그것에 경배하기 시작했다. 성경에 의하면 이것이 세계의 모든 종교의 시작이다. 종교는 모든 전통적인 문화의 뿌리이고 양육자였다. 그래서 전통문화에서는 종교 속에 들어있는 우상숭배의 요소가 있다. 물론 종교에는 일반은총의 요소도 있다. 그래서 종교 안에는 윤리적이거나 예술적인 요소들이 있지만, 하나님 대신 다른 신이나 원리를 숭배의 대상으로 삼는다는 점에서 타락의 심각한 영향 아래 놓이게 되었다.

(3) 구속의 관점

『그리스도와 문화』Christ and Culture의 저자 리차드 니버H. Richard Niebuhr의 말대로 "그리스도는 이 세상의 문화와 사회 안에 있는 인간을 회심시키는 분이다."[8] 그리스도에 의해 변화된 사람만이 이 세상의 여러 문화 가운데서 기독교 문화를 만드는 주체가 된다. 네덜란드의 신학자 클라스 스킬더K. Schilder는 문화에 대해 카이퍼와 벌인 논쟁에서 예수 그리스도만이 피조물을 새롭게 하고 이 세상에서 문화적 사명을 수행할 수 있게 만든다고 강조했다.[9] 타락에 의해 왜곡된 문화 속에 사는 그리스도인들은 "어떻게 '기독교'와 '문화'의 관계를 바로 이해하여 기독교 문화를 정의하고 더 나아가서 실제로 형성 · 발전시킬 수 있을까?"라는 질문을 더 이상 피할 수 없게 되었다. 왜냐하면 그들도 다른 사람들과 마찬가지로 매일의 일상을 문화의 영향 속에서 살고 있으며, 더욱이 문화의 지배력이 점점 더 거세어지는 오늘날의 사회에서는 문화의 문제는 이론적 해명의 차원을 넘어 급박한 실천의 문제가 되었기 때문이다.

기독교는 이 세계의 문화에 대해 그리스도를 통한 구속redemption의 실제를 문화 속에서 보여주어야 할 사명을 가지고 있다. 기독교적으로

---

8) 리차드 니버, 『그리스도와 문화』(서울: 대한기독교서회, 1958), p. 190.
9) 헨리 반틸, 『칼빈주의 문화관』(부산: 성암사, 1977), p. 198.

이해된 문화란 일차적으로 그리스도인들에 의해 만들어진 사상이나 학문, 특히 예술 작품들을 말하고, 더 넓게는 기독교 신앙을 통해 습득되고 형성된 독특한 사고와 느낌과 행동 방식 전체로서 교회와 가정, 사회생활 전반에서 나타나는 현상들을 가리킨다. 기독교 문화를 생각할 때 먼저 떠오르는 것은 기독교인이 만들어 낸 예술작품이나 CCM, 영화, 만화, 애니메이션, PC게임 같은 대중문화이다. 하지만 기독교 문화를 넓게 보면 기독교인의 활동 전체, 즉 사고방식, 가치관, 언어, 관습, 경제, 정치, 법과 관련된 활동, 교회문화 모두를 의미한다.

따라서 기독교적으로 문화를 이해할 때는 두 가지 면에서 문화의 역할을 인정할 수 있다. 첫째, 문화는 일반은 총론적으로 인간을 보존하고 유지하기 위한 하나님의 도구로서 볼 수 있다. 둘째, 기독교적인 문화는 하나님의 구속을 이루어가기 위한 구속사적인 도구로 볼 수 있다. 돌도끼에서부터 인터넷에 이르는 문화적 산물은 하나님의 인간 구속의 역사 속에서 일정한 기능과 역할을 가지고 있다. 모든 문화에는 일반은총적인 요소가 있지만, 동시에 죄에 오염된 요소도 있으므로 성령의 활동과 성경 말씀 선포를 통하여 이러한 문화를 구속하여 기독교문화를 만들어 갈 때, 문화는 새롭게 될 것이다.

04 기독교 문화철학의 과제들

(1) 문화의 역할

일반적으로 문화를 이해하는 방식에는 진화론적인 방식과 역사주의적인 방식, 기능주의적인 방식, 구조주의적인 방식, 해석학적인 방식 등이 있지만, 기독교적으로 문화를 이해할 때는 두 가지 면에서 문화의 역할을 인정할 수 있다. 첫째, 문화는 일반은총론적으로 인간을 보존하고 유지하기 위한 하나님의 도구로서 볼 수 있다. 둘째, 문화는 하나님의 구속을 이루어가기 위한 구속사적인 도구로 볼 수 있다. 다양한 문화적 산물은 하나님의 인류구속의 역사 속에서 일정한 기능과 역할을 가지고 있다. 모든 문화에는 일반은총이 들어 있지만, 동시에 죄에 오염되어 있으므로 성령의 활동과 성경의 말씀 선포를 통하여 이러한 문화가 구속될 때, 문화는 새롭게 될 것이다.

(2) 문화의 통일성과 다양성

현대의 문화인류학에서는 문화를 포괄적으로 이해한다. 문화인류학의 창시자 중 하나인 에드워드 타일러는 한 사회의 구성원이 가지게 되는 지식, 신앙, 기술, 도덕, 법, 습관 등의 모든 능력의 복합체를 문화로 규정했다. 기독교적으로 문화를 볼 때, 문화인류학적 정의를 사용하여 문화를 이해할 수 있다. 그러나 문화인류학은 문화를 후천적인 것으로 보며 다양한 문화내용들의 가치를 옳고 그름의 기준에서 평가하지 않으려는 '문화상대주의'의 경향이 강하다. 이에 반해 성경은 문화적 능력이 하나님으로부터 선천적으로 주어졌으며 하나님의 절대적인 기준과 목적에 의해 형성되었다고 선포한다. 그러므로 기독교는 문하의 통일성을 전제하면서 역사 속에 나타나는 문화들의 다양성을 이해해야 한다.

(3) 문화의 자유와 결정성

문화가 인간의 자유의 결과인지, 아니면 자연환경이나 인간 내부의 경향이나 법칙의 산물인지에 대한 논의가 있어왔다.[10] 독일철학자 칸트의 자유의지론과 카시러의 상징론이 주장하는 자유의지론은 문화형성에서 인간의 자유로운 선택을 강조하고 슈펭글러나 레슬리 화이트의 문화결정론은 인간 내부의 결함 때문에 문화의 비극적인 결과를 얻게 된다는

---

10) 신응철, 『문화철학과 문화비평』(서울: 철학과 현실사, 2003), pp. 20-37.

문화의 필연적인 성격을 강조한다. 그러나 기독교의 관점은 두 가지의 입장을 종합하는 입장이라고 하겠다. 성경은 창조와 더불어 인간에게 주어진 자유를 전제로 하지만, 타락 이후, 모든 인간이 죄로부터 자유롭지 않은 결정성을 가지게 되었다고 선언한다. 사실 칸트 역시 이 점을 인간의 근본악die radikale Boese으로 인정했다. 인간에게 주어진 자유와 창조의 가능성과 타락의 현실성 속에서 문화의 양면성을 인정하는 관점이 기독교의 관점이다.

(4) 문화의 미래와 종말

문화인류학이나 문화연구를 통해서 문화의 미래나 종말의 문제를 다루기는 쉽지 않다. 역사의 미래를 예언할 수 없는 문화연구로서는 문화의 미래를 열어놓을 수밖에 없기 때문이다. 더욱이 포스트모던 문화가 등장한 21세기의 문화상황에서는 문화의 진보에 대한 발전법칙을 주장하기가 더욱 어려워졌다. 많은 문화 이론들이 문화의 미래에 대해서 긍정적이기보다는 부정적인 진단을 조심스럽게 내어놓고 있다. 그러나 기독교는 성경에 근거해서 인류의 역사에는 종말이 있으며 그것과 함께 문화의 종말도 온다고 본다. 그러나 이 종말은 이중적인 의미를 가지고 있다. 한편으로는 문화의 종말은 문화 속의 부패와 악의 종결이다. 동시에 문화의 종말은 새로운 세계의 시작이다. 아브라함 카이퍼는 이러한 새로운 문화의 시작을 요한계시록의 예언에서 발견한다. "사람들이 만국의 영광과 존귀를 가지고 그리로 들어오겠고"(계 21:26) 역사의 종말에 이 세계의 구속된 문화는 새 하늘과 새 땅에 들어가게 된다. 하나님에 의해서 변화된 채로.

05 나가는 말

오늘날의 주도적 문화인 대중문화 역시 그람시나 알튀세의 마르크스주의 문화론, 독일의 프랑크푸르트 학파의 비판이론, 영국 버밍엄 대학의 문화연구, 프랑스의 구조주의와 포스트모더니즘의 문화론 등 다양한 관점에서 연구되고 있다. 이렇게 전통문화나 대중문화를 연구하는 까닭은 문화를 단순히 이론적으로 분석하고 설명하는 데 그치지 않고, 앞으로의 문화형성을 주도하려는 '문화실천'에 관심이 있기 때문이다. 마찬가지로 기독교 문화를 꽃피우기 위해서는 이론적인 연구와 문화적 실천의 전략이 함께 추구되어야 한다. 기독교 문화연구는 성경에 근거한 신학적 관점에서 여러 문화이론들을 검토하고 기독교 문화의 현상을 분석할 뿐만 아니라, 어떻게 기독교 문화를 만들어 가는가에 대한 구체적인 교육과 실천의 방법을 제시해야 한다.

만일 기독교 문화의 개념이 위에서 언급된 두 가지로 정의될 수 있다면, 그 다음으로는 이러한 기독교 문화의 내용들을 좀 더 체계적으로 탐구하고 연구하는 작업이 요청된다. 기독교 문화의 연구 대상은 성령의 활동과 성경의 말씀 선포를 통하여 자신의 죄를 고백하고 믿음을 통해 하나님의 은혜와 사랑을 받아들인 사람들이 만들고 표현해 낸 사상과 학문 그리고 여러 종류의 예술 작품일 뿐만 아니라, 계속 전승되어 오는 신앙의 전통을 이 사람들이 받아들여서 새롭게 형성해 나가는 삶의 모든 방식이 된다. 그러나 무엇보다도 어려운 문제는 이러한 기독교 문화의 내용이 어떻게 연구될 수 있는가의 방법적 문제이다.

기독교 문화의 통시적 연구란 기독교 예술이나 기독교적 삶의 태도와 방식(종교관, 예술관, 가치관, 직업관, 경제관, 정치관, 과학·기술관, 종교관, 세계관, 미래관 등)이 시간의 변화를 통하여 어떻게 형성되고 변천되어 왔는가를 연구하는 일이다. 특히 한국의 기독교 문화를 통시적으로 다루기 위해서는 한국 기독교가 처음 성립되었을 때로부터 기존의 전통 문화(학문, 윤리, 종교, 예술, 관습 등)와 어떤 관계 속에서 자신의 정체성을 형성해 왔는가의 문제뿐만 아니라 기독교 종말론의 관점에서 기독교 문화가 미래사회의 문화와 어떻게 관계해야 하는가를 연구해야 한다.

기독교 문화에 대한 이러한 전문적인 연구를 수행하기 위해서 '문화 신학'과 '기독교 문화학'이 발전되어야 한다. '문화 신학'은 조직신학의 영역 내에서 기독교 문화의 문제를 체계적으로 연구하는 학문이라면, '기독교 문화학'은 신학의 범위를 넘어서 문화에 관한 인접 학문들(철학, 문화 인류학, 종교학, 종교 사회학, 종교 심리학 등)의 기초 연구를 기독교의 관점에서 비판하고 분석, 종합하는 학문 분과이다. 문화 신학과 기독교 문화학은 서로 협력하면서 기독교 문화의 내용을 규명하고 세속 문화와의 관계를 연구함으로써 교회의 발전과 선교에 봉사하는 기초 학문이 되어야 한다.

오늘날 기독교 문화는 이론적 관심의 대상에 그치지 않는다. 이 문제는 그리스도인들과 교회가 매일 매일 부닥치는 영적인 싸움의 현실 속에 경험하는 문제이다. 이런 의미에서 기독교 문화는 단순히 이론적 파악의 문제가 아니라, 실천을 위한 전략의 문제이다. 한국 교회와 그리스도인들은 자신들과 사회에 기독교 전통을 바탕으로 어떤 기독교 학문과 예술을 창조해야 하는가, 다른 문화 전통이나 종교들에 어떤 태도를 취해야 하는가, 그리고 현대인의 일상에 심각한 영향을 주는 대중문화와 기술문화를 어떻게 대해야 하는가의 제반 문제에 대해 대안을 제시하고 구체적인 실천을 행해야 한다. 이를 위해서 오늘의 현실 속에 적용될 수 있는 기독교 문화의 형성과 발전을 위해 몇 가지의 방안이 제시하고자 한다.

첫째, 일차적으로 신자들을 대상으로 하는 '교회 문화 사역'의 발전을 위해 교회와 기독교 기관이 전문 인력을 키워내고 문화 전략을 세워 기독교적 문학, 음악, 미술, 무용, 연극, 영화, 건축을 적극적으로 개발하고 발전시켜야 한다.[11] 수준 높은 기독교 예술은 교회 내에서 뿐만 아니라, 교회 밖의 비신자에게도 영향을 주고 간접적인 선교 매체의 역할을 할 수 있다.

둘째, 보다 적극적인 형태의 '기독교 문화사역'은 세속 문화 속으로 들어가 기존의 문화 자체를 기독교적으로 변혁시키는 일이다. 다시 말해 기독교인 전문가와 평신도들이 세속 문화의 여러 영역에서 기독교적인 세계관과 가치관에 따라 활동하면서 일반 대중에 영향력을 행사하고 사회의 문화적 흐름 자체를 변화시켜야 한다.[12]

셋째, 가장 넓은 의미의 기독교 문화는 모든 그리스도인의 사고와 행동, 생활 방식의 변화에서 완성된다. 이를 위해 교회 안에 모든 목회자와 평신도가 공유할 수 있는 생활 문화를 정착시키기 위해 노력해야 한다. 세속문화의 소용돌이 속에서 자기 정체성을 발견하고 생활화시킬 수 있는 신앙적 각성과 교육 프로그램이 계속 제시되어야 한다.

오직 예수 그리스도를 믿음으로 구원과 영생을 얻는다는 복음은 어떤 특정한 문화에서만 유효한 것이 아니라, 인류의 모든 문화에 타당했고 앞으로도 타당할 것이다.

■참고문헌

강영안 외, 『대중문화, 더 이상 침묵할 수 없다』, 서울:예영, 1998.
김경재, 『해석학과 종교신학』, 서울:한국신학연구소, 1994.
김영한, 『한국기독교문화신학』, 서울:성광문화사, 1992.
리처드 니버, 김재준 역, 『그리스도와 문화』, 서울:대한기독교출판사, 1958.

---

11) 방선기, "문화를 무시하는 교회는?", 『두레사상』 3(겨울호, 1995), p. 210 참조.
12) 같은 책, p. 210 이하 참조.

박성봉, 『대중예술의 미학』, 서울:동연, 1995.

방선기, "문화를 무시하는 교회는?", 『두레사상』 3 겨울호, 1995.

신국원, 『신국원의 문화이야기』, 서울:IVP, 2002.

신응철, 『문화철학과 문화비평』, 서울:철학과 현실사, 2003.

이경직, 『기독교철학의 모색』, 서울:UCN, 2005.

이경직, 『기독교와 동성애』, 서울:UCN, 2005.

이만열, 『한국기독교와 민족의식』, 서울:지식산업사, 1991.

이원규 편저, 『한국교회와 사회』, 서울:나단, 1996.

존 스토리, 박모 역, 『문화연구와 문화이론』, 서울:현실문화연구, 1994.

존 호우튼, 송태현 역, 『해리 포터를 기독교적으로 어떻게 볼 것인가?』, 서울:라이트하
우스, 2004.

최연구, 『문화콘텐츠란 무엇인가』, 서울:살림, 2006.

최혜실 엮음, 『디지털 시대의 문화예술』, 서울:문학과 지성사, 1999.

한국기독교사회윤리학회 편, 『기독교사회윤리』 제6집, 서울:선학사, 2003.

헨리 반 틸, 이근삼 역, 『칼빈주의 문화관』, 부산:성암사, 1977.

C. A. 반 퍼슨, 강영안 옮김, 『급변하는 흐름 속의 문화』, 서울:서광사, 1994.

David W. Henderson, *Culture Shift: Communicating God's Truth to Our Changing World*
(Grand Rapids: Baker, 1998).

George M. Marsden, *Fundamentalism and American Culture* (Oxford: OUP, 1980).

Herman Bavinck, *Reformed Dogmatics Vol.1*, trans. by John Vriend (Grand Rapids:
Baker, 2003).

Louis Berkhof, *Systematic Theology* (Grand Rapids: Eerdmans, 1982).

Marvin Harris, *Cultural Anthropology*, 2nd ed. (N.Y.: Harper & Row, 1987)

Quintin J. Schultze, *Internet for Christians* (Muskegon: GCI, 1996).

John Story (ed.), *Cultural Theory and Popular Culture. A Reader*, 2nd ed. (Athens:
The University of Georgia Press, 1998).

문화콘텐츠와 기독교철학의 만남

이경직 | 백석대학교 교수

01 들어가는 말

백석대학교 기독교철학 전공은 제2단계 BK(두뇌한국)21 사업에 '기독교문화 콘텐츠 기획·제작 전문인력 양성을 위한 교육과정 및 프로그램' 팀(이하 기독교문화콘텐츠팀으로 약칭)으로 선정되어 2006년 3월부터 2013년 2월까지의 7년 사업을 진행하고 있는 중이다. 이 사업은 특히 대학원 석박사 과정에서 기독교문화를 콘텐츠화하는 데 필요한 기획·제작 인력 양성에 사업의 초점을 맞추었다.

이 사업을 신청하고 진행시키는 과정에서 한 가지 해결해야 할 문제가 있었다. 그것은 왜 하필이면 기독교철학이 기독교문화콘텐츠 사업을 주도해야 하는가라는 물음이었다. 달리 말하자면, 이는 기독교철학과 기독교문화콘텐츠가 어떤 관계에 있으며, 기독교철학이 기독교문화콘텐츠에 어떤 도움을 줄 수 있으며, 역으로 기독교문화콘텐츠 관련 인력 양성이 기독교철학의 과제에 어떤 영향을 끼칠 수 있는가라는 물음이기도 하다.

이 글의 목적은 필자 스스로 이 물음에 대한 답을 모색해보려는 데 있다. 이를 위해 필자는 우선 국내에 문화콘텐츠 연구 내지 문화콘텐츠학이 등장하게 된 배경을 인문학의 위기와 관련하여 살피고자 하며, 문화콘텐츠학이 인문학의 위기의 타개방안이 될 수 있는지 살펴보고자 한다. 이어서 필자는 문화콘텐츠학이 기독교철학에 어떠한 구체적 의미를 지니는지 살펴보며, 기독교철학이 문화콘텐츠학에 기여할 수 있는 바가 무엇인지 고찰하고자 한다. 필자가 보기에 최근 국내 학계 동향을 볼 때 인문학 가운데 문학(예: 신화 등을 이용한 스토리텔링)과 역사학 분야 (예: 문화유산 디지털화)에서 문화콘텐츠를 강조한 것 같다. 호서대 철학과가 문화관련학과로 완전히 학과를 바꾼 예 외에는 철학 분야에서 문화콘텐츠학과 철학을 도입하려는 시도는 그리 찾지 못했기에 이 글이 나름대로 의의를 지닌다고 여겨진다.

02 인문학과 문화콘텐츠

(1) 문화콘텐츠학 등장의 배경

지난 90년대부터 대학설립 자격요건이 완화됨에 따라 많은 대학이 국내에 세워졌다. 대학 간의 건전한 경쟁을 통해 대학의 질적 향상을 가져오려는 것이 그 목적이었다. 그런데 90년대 후반 IMF 경제위기가 왔으며 출산인구의 저하로 인해 수험생의 수가 감소하였다. 늘어난 입학정원과 줄어든 입학생의 수, 경제적 어려움 등이 겹치면서 대학들의 재정이 어려워지기 시작했으며, 이와 더불어 학과통폐합 등 구조조정이 거론되기 시작했다.[1]

대학 지원자의 수가 입학정원에 비해 훨씬 많았던 과거와는 달리 이

---

1) 김창유, "문화콘텐츠 제작 교육 중심에서 바라본 현행 산학협력의 한계 그리고 운영 개선방안", 용인대학교 조형연구소, p. 53.

제 대학은 입학정원을 채우는 문제로 고민해야 했으며, 입학정원을 채우지 못하는 경우 등록금 수입 감소 때문에 재정난에 시달려야 했다. 대학은 공급자 중심의 사고를 버리고 수요자 중심의 사고를 해야 했으며, 이는 대학을 수요자인 학생들이 선호하는 전공과 학과를 신설 내지 증설하며, 그렇지 못한 전공과 학과를 폐지 내지 감축하는 방향으로 나아가게 했다. 특히 1980년대 후반 동유럽과 소련을 중심으로 사회주의가 몰락하면서 시작된 신자유주의가 지구화globalization라는 이름으로 인터넷 등의 통신 발달과 교통 발달을 통해 전 세계에 확산됨에 따라 사람들은 이념적 거대담론보다 경제를 우선시하게 되었으며, 이는 대학에서 인문학의 퇴조를 가져오게 하였다. 이러한 경향은 전공이나 학과에 지원하는 학생 수에서 뿐 아니라 인문학 관련 교양강좌의 수강생 수에서도 잘 나타난다.2)

신자유주의는 취업률 등의 지표를 제시하면서 인문학의 비생산성을 지적하였다. 대학평가에서 취업률이 중요한 잣대로 작용하면서 상대적으로 취업률이 낮은 인문학 관련 학과들이 폐과 대상의 1순위가 되었다. 2006년 9월 20일자 동아일보의 보도에 따르면, 공학계열의 취업률이 71.7%인데 반해 인문계열의 취업률은 53.4%에 불과하다. 동아일보에 따르면, 2003년에 경원대가 철학과를 없애는 등 2003년부터 2006년까지 철학과가 12개나 폐과되었다.3)

이러한 상황은 인문학 관련 교수들에게 위기감을 낳았으며, 2006년 고려대를 중심으로 한 인문학의 위기 선언으로 이어졌다. 인문학 관련 교수들은 인문학 위기의 원인을 무차별적 시장 논리와 효율성에 대한 맹신에서 찾는다. 실제로 한국학술진흥재단 등에 연구비를 신청할 때 신청서 양식은 인문학에 대해서도 공학과 동일한 방식의 틀을 요구한다. 장

---

2) 전남대학교처럼 철학 개론과 같은 기본 인문교양과목은 반드시 들어야 한다는 인식이 아직 살아 있는 예외도 있다.
3) "취업과 너무 먼 文·史·哲 폐과 잇따라", 『동아일보』, 2006년 9월 20일자.

기적 연구가 필요한 인문학에 대해 계량적 평가와 상업적 결과를 내놓을 것을 요구하기 때문이다.

하지만 인문학이 당장 가시적 성과를 내놓지는 않더라도 우리 사회와 문화의 뿌리 역할을 한다는 원론적 이야기에 귀 기울이기에는 대학의 현실이 매우 급박하다. 또한 학자 양성 코스에 맞게 만들어진 인문학 관련 학과의 커리큘럼에 대한 점검이 필요한 것도 사실이다. 인문학을 공부하는 학생들 대부분이 학자가 될 것이 아니라, 결국 인문학적 기초 위에서 다른 응용학문이나 일을 해야 하기 때문이다. 사회가 요구하는 인력 양성에 있어 인문학이 기여할 수 있는 부분들을 찾아 커리큘럼에 반영해야 할 필요가 있다.

인문학을 문화콘텐츠학과 연결하려는 시도는 이러한 문제의식으로부터 나왔다. 최근 흥행에 크게 성공한 '반지의 제왕'이나 '해리 포터' 시리즈는 인문학적 기초가 있었기에 가능했지만, 인문학이 상아탑에 머물지 않고 문화상품을 만들어내는 실용성을 보였기에 가능했다.4) 이 시도는 인문학이 실용성도 지니고 있음을 보여주려는 방어적 측면과, 문화콘텐츠화를 통해 인문학이 문화에 구체적으로 기여해야 한다는 공격적 측면을 모두 지니고 있다. 그 결과 감축 또는 폐과 위기에 몰린 문학, 역사학, 철학 관련 학과들을 중심으로 학생들을 문화콘텐츠 관련학과를 세우는 바람이 불기 시작했다.5) 학생 수급 문제를 심각하게 체감하는 지방대가 수도권 대학보다 앞서 기존 학과를 문화콘텐츠 관련 학과로 바꾸거나 문화콘텐츠 관련 학과를 신설하고 있다는 사실도 문화콘텐츠학의 등장이 인문학의 위기와 무관하지 않음을 잘 보여준다. 문화콘텐츠 관련 학과들은 인문학적 토양 위에 학생들을 훈련시켜 문화산업계로 학생들을

---

4) "인문학, 어디로 가는가", 「고대신문」, 2006년 9월 24일자.

5) 2002년 10월 인문콘텐츠학회가 창립된 것도 이와 맥락을 같이 한다. 이 학회의 목적은 '디지털이라는 기술과 인터넷이라는 수단을 통해 인문콘텐츠를 생산 유통하여 인문학을 향유하도록 하는' 데 있다.

진출시킴으로써 취업률을 높이고자 하는 목적을 지닌다.[6] 이는 정부 산하에 생긴 '문화콘텐츠진흥원'이 문화를 통해 지방경제를 살리려는 시도를 하는 것과도 맥락을 같이 한다.[7]

인문학의 위기의 원인 가운데 하나로 손꼽히는 것이 인문학의 방법론이었다. 전문화와 분업화를 중심으로 운영되는 모더니즘적 산업사회에서 학문들이 세분화되고 전문화되는 경향이 있었다. 그 결과 학과들이나 전공들 사이에 벽은 높아만 갔다. 그 결과 대학은 더 이상 university가 아니라 multiversity가 되어갔다. 대학 안의 다양한 전공과 학과들이 통일성(또는 하나의 체계) 속에 놓여 있기보다, 전공과 학과들 사이에 서로 다른 원리와 패러다임이 있어도 용인되는 다양성만 인정되었다. 이는 인간이나 사회, 문화 등에 대해 통일된 진단을 내놓기보다 각자 자신의 영역의 패러다임에 따라 각기 다른 목소리와 진단을 내는 결과에 이를 수 있다. 이는 학제간 연구interdisciplinary studies의 필요성을 높였으며, 인문학의 경우 문화학cultural studies이라는 분야를 개발하게 되었다.[8]

그런데 문화학에서 문화산업과 관련하여 산학협력을 강조하면 문화콘텐츠학이 생기게 된다. 예를 들어, 기존의 문학과가 시와 소설, 희곡, 비평 중심의 커리큘럼을 운영했다면 이제 영화나 만화, 게임 등의 스토리텔링 만들기 중심의 커리큘럼을 운영하며, 기존의 사학과가 한국의 문화원형개발 사업과 관련된 기획, 제작, 보급 등에 관한 커리큘럼을 운영하게 된다. 문화콘텐츠학이 인문학과 순수예술 등을 원천자료original source로 삼지만, 기획 및 제작을 위해 디지털 및 미디어 관련공학과 관계하고, 경영 및 유통을 위해 경영학과 경제학 등과 관계해야 하기 때문이다.[9] 이렇게 문화콘텐츠학은 "인문학(스토리)·예술(디자인)·공학

---

6) 임영상, "'문화콘텐츠 개발'과 인문학", 「인문콘텐츠」 제6호 2006, p. 279, p. 282.

7) 박재열, "지방문화산업의 날개", 「영남일보」, 2005년 12월 13일자.

8) 추태화, 「대중문화시대와 기독교 문화학」, 코람데오, 2004, pp. 269-271.

9) 태지호, "문화콘텐츠학의 체계 정립을 위한 기반 구축에 대한 연구", 「인문콘텐츠」 제5호 2006,

IT · 사회과학(문화마케팅) 등 학제간 '결혼'으로 탄생한 신新학문이다."
인문학자의 기존 시각에서 보았을 때 문화콘텐츠학은 일종의 응용인문
학이다.10)

이러한 경향은 문화 자체가 산업화되는 후기산업사회의 흐름과 일
치한다. 모더니즘 사회에서 고급문화와 대중문화가 소수의 상류층과 다
수의 평민을 구분한데 반해, 포스트모더니즘 사회에서는 고급문화와 대
중문화의 경계선이 허물어지기 시작한다. 예를 들어, 팝 아트pop art는
대중음악이지만 기존의 고급음악의 성격을 지닌다.11) 아도르노와 같은
사람들은 이 경계선 허물기를 비판적으로 본다. 그들은 예술이 상품화되
는 순간 소외가 완성된다고 여기기 때문이다.12) 오늘날 인문학이 문화콘
텐츠학과 연관을 맺으면서 인문학의 자원을 상품화하는 것을 부정적으
로 보는 사람들도 이와 맥락을 같이 한다.

(2) 문화콘텐츠란?

기존 인문학이 문화콘텐츠라는 새로운 영역에 발을 내딛는 현상에
대해 긍정적으로든, 부정적으로든 평가하기 위해서는 우선 '문화콘텐츠'
라는 개념부터 이해할 필요가 있다. 문화콘텐츠와 관련하여 '인문콘텐
츠', '콘텐츠학', '디지털콘텐츠', '문화콘텐츠', '문예콘텐츠' 등 다양한 표
현이 등장하기 때문이기도 하다.

문화콘텐츠는 '문화'와 '콘텐츠'라는 두 단어로 이루어져 있다. 따라
서 이 개념을 이해하기 위해서는 문화 개념과 콘텐츠 개념을 각각 이해
해야 하며, 두 개념이 어떤 방식으로 연결되는지를 이해해야 한다. 문화
를 정의하는 일은 쉽지 않은 일이다. 문화 개념이 시대에 따라 변하기 때

---

p. 198.

10) 임영상, "인문학과 문화콘텐츠", 「전자신문」, 2006년 2월 10일자.

11) 송태현, "포스트모던 문화와 기독교", 「종교연구」 제40호 2005, p. 277.

12) 김만수, "문화콘텐츠에서 교양의 역할", 「인문연구」 제49호 2005, pp. 137-139.

문이다.[13] 하지만 넓게 볼 때 문화는 자연과는 달리 인간이 개입하여 이루어지는 활동과 결과물 모두를 가리킨다. 그런데 문화는 인간이 현재 있는 정황 또는 상황과 무관하지 않다. 문화는 인간이 자신을 둘러싼 환경에 변화를 가져다준 것인 동시에 환경에 의해 영향을 받은 것이기도 하다. 그러하기에 21세기 정보화 사회를 살아가는 인간은 문화를 형성해 가는 데 있어서 디지털 환경의 영향을 받을 수밖에 없다. 달리 말하자면, 인간은 능동적으로 현대의 디지털 환경을 바꾸어나가기도 하지만 수동적으로 그 환경의 영향을 받기도 한다. 따라서 21세기 인간은 디지털 환경으로부터 자유로울 수 없다. 맥루한McLuhan이 형식이 내용을 결정할 수 있다는 의미에서 "미디어매체가 곧 메시지"라고 말한 까닭도 바로 여기에 있다.[14]

바로 그런 까닭에 현대 사회에서 문화는 콘텐츠와 연결되어야 한다. 자본주의 사회에서 문화는 재화의 기능을 갖추지 않으면 생산될 수 없기 때문이다. 문화가 문화로서의 가치를 발휘하기 위해서는 상품으로서 생산되어야 하는 것이 자본주의 사회의 현실이다. 따라서 콘텐츠화되는 문화는 문화로서의 자질과 상품으로서의 자질이라는 두 마리 토끼를 좇아야 하는 과제를 안고 있다.[15]

우리는 이렇게 콘텐츠화되는 문화를 문화콘텐츠cultural contents, culture and contents라고 부른다. 문화 콘텐츠란 말 그대로 '문화적 내용물'을 뜻하는데, 문화콘텐츠 개념은 매우 넓어서 문학이나 미술, 음악, 공연과 같은 순수예술뿐 아니라, 영화, TV 드라마, 대중음악, 게임, 애니메이션, 캐릭터 등과 같은 대중예술 또는 대중문화까지 포괄한다. 하지만 국내에서 논의되는 문화콘텐츠는 특히 상품화되는 문화, 상업성을 지니는 문화상품을 뜻하기에 수익성과 연결되어야 한다.[16] 그래서 콘텐

13) 김만수, 「문화콘텐츠 유형론」, 글누림(2006), p. 91.

14) 위의 글, p. 60.

15) 박기수, "신화의 문화콘텐츠화 전환 연구", 「한국문예비평연구」(2006), p. 6 이하.

츠는 단순한 내용물을 가리키기보다는 경제적 가치를 지니는 내용물을 가리킨다. 디지털 환경 이전에 콘텐츠는 문화자원이라는 뜻으로만 이해 되다가 지난 90년대 중반에 이르러 OSMU^{One Source Multi Use, 하나의 성공적} 인 원작을 통해 다양한 장르로 재창조 개념을 갖게 되었다.

OSMU는 말 그대로 다양하게 사용되는 하나의 원천을 말한다. 미디어가 다양하게 발달했기 때문에 하나의 스토리나 소재를 다양한 미디어에 담을 때 다양한 제품이 나올 수 있다. 따라서 좋은 원천 자료^{Source}의 상품 가치는 매우 크다 할 수 있다.[17] 이렇게 하나의 원천자료를 다양한 매체를 통해 상품 가치를 극대화하는 효과를 창구 효과^{window effect}라 한다. 특히 원천 자료에서 시장성이 확보된 경우 그 자료를 다른 매체를 통해 상품화할 때 그 성공가능성은 매우 높다.[18] 미국에서 문화콘텐츠 산업이 군수산업에 이어 두 번째로 큰 산업이 된 이유도 바로 여기에 있다.[19] 따라서 원천 자료를 확보하는 일과 더불어 원천자료를 다양한 미디어를 통해 콘텐츠화하는 일이 중요하다. 예를 들어, 해인사에 팔만대장경을 소장하고 있는 것과 팔만대장경을 디지털화하는 것은 확실히 다르다. 디지털화를 통해 팔만대장경은 새로운 콘텐츠가 되었기 때문이다.

OSMU는 수직적 멀티 유즈^{Multi Use}와 수평적 멀티 유즈^{Multi Use}로 나누어진다. 수직적 멀티 유즈는 원천 자료를 다른 미디어를 통해 재가공하는 것을 가리킨다. 이 경우 장르를 바꾸는 비용이 높고 위험성도 높지만 신규시장을 개척할 수 있기에 성공하는 경우 큰 이익을 얻을 수 있다. 이와 달리 수평적 멀티 유즈는 동일한 콘텐츠를 매체별로 노출시키는 시기를 달리하는 것을 뜻한다. 예를 들어, 이것은 같은 영화를 영화관

---

16) 김만수, 앞의 글(2006), pp. 20-22.

17) 같은 글.

18) 주수현·유영명, "문화콘텐츠산업의 성장요인 분석", 「관광학연구」 30권 2호(2006), p. 183 이하.

19) 신광철, "학부 수준에서의 문화콘텐츠학과 교과과정의 분석과 전망", 「인문콘텐츠」 제2호 (2005), p. 7.

에 상영했다가 일정 시기 후에 텔레비전에서 상영하고 또 일정 기간을 둔 후에 케이블 텔레비전에서 재방영하는 것이다. 이 경우 콘텐츠를 새로운 미디어에 맞게 재가공하는 데 드는 비용이 절감되며 흥행에 실패할 위험도 적지만 신규시장을 만들어내는 효과가 적다.20)

문화콘텐츠와 관련하여 OSMU는 주로 수직적 멀티 유즈를 가리킨다. 이처럼 원천자료로 사용되는 것으로는 일반적으로 영화나 출판만화, 애니메이션, 소설 등이 있는데, 이러한 원천 자료는 다양한 미디어를 통해 다양한 관련 산업에서 각각 흥행할 수 있는 상품으로 재가공될 수 있다. 국내의 경우 〈아기 공룡 둘리〉가 하나의 원천자료를 가지고서 다양한 콘텐츠를 만들어내어 성공한 사례이다. 문화콘텐츠는 바로 이 원천자료를 가공하고 디자인하고 적합한 기술 또는 미디어를 사용해서 만들어낸 결과이다. 그래서 문화콘텐츠에 있어서 원천자료만큼이나 중요한 것은 조합하고 응용하는 가공기술이다.21) 따라서 훌륭한 문화콘텐츠를 만들어내려면 확실한 원천자료를 확보해야 하며, 그 원작을 재가공해낼 수 있는 미디어 기술이 있어야 하며, 그렇게 가공해낸 새 상품을 소비자에게 전달하는 기술인 마케팅 기술이 있어야 한다. 우리나라에서 높은 흥행성적을 올렸던 영화 〈올드보이〉는 1997년 일본 후타바샤 출판사에서 나온 일본만화를 원천자료로 사용하고 있다. 기존 산업사회에서는 새로운 생산물을 만들어내는 창조가 중요했다면, 현대 정보화 사회에서는 기존의 원천 자료를 현대의 맥락에 맞게 재구성하고 재창조하는 일이 중요하다.22)

따라서 문화강국이 된다는 것은 좋은 원천자료와 더불어 다양한 매체를 통해 생산된 콘텐츠를 많이 지닌다는 것이다.23) 이를 위해서는 IT

---

20) 박기수, 앞의 글, p. 9 이하.
21) 태지호, 앞의 글, p. 198.
22) 김만수, 앞의 글(2006), pp. 173-178.
23) 유승호, "디지털시대와 문화콘텐츠", 『전자신문사』(2002), p. 59.

기술 등 공학의 도움이 꼭 필요하다. 하지만 산업기술만 가지고는 콘텐츠를 제작할 수 없다.24) 원재료가 없이는 제품을 만들어낼 수 없기 때문이다. 이처럼 좁은 의미의 문화콘텐츠는 문화와 디지털 미디어의 만남에서 성립한다. 디지털 미디어를 통해 생산된 콘텐츠는 원천 자료와는 다른 성격을 지닌다. 맥루한의 지적처럼 미디어media 자체가 메시지이기도 하기 때문이다.25) 그런 점에서 우리는 기술이 이미 문화이며 그 안에 특정의 세계관이 반영되어 있다는 손화철의 지적에 귀 기울일 필요가 있다.26)

　　이윤선은 문화콘텐츠를 디지털을 기반으로 하는 콘텐츠와 디지털을 기반으로 삼지 않는 콘텐츠로 나누면서 현대 사회가 컨버전스convergence 현상과 퓨전fusion 현상, 하이브리드hybrid 현상을 보인다고 지적하면서 온라인, 오프라인 등을 포괄한 콘텐츠를 문화콘텐츠로 부르자고 제안한다.27) 이러한 기술 현상이 학문 세계에서는 학제간 연구interdisciplinary studies로 나타나는데, 컨버전스 패러다임은 하나의 설계도에 따라 여러 하청업체에 부품을 생산하도록 하는 수직적 체계와는 달리 어느 한 학문이 절대적 지위를 갖지 않고 수평적으로 교차하고 협조하는 패러다임이다. 이런 의미에서 디지털문화콘텐츠는 디지털공학이 문화콘텐츠와 수평적으로 만난 결과로 여겨질 수 있다. 콘텐츠가 디지털화됨에 따라 콘텐츠를 가공하고 저장하고 전달하는 일을 수평적으로 할 수 있게 되기에 정보의 형태에 따라 개별 미디어에 묶여 있었던 콘텐츠가 다양한 미디어로 확산될 수 있게 되었다.28)

---

24) 박상천, "왜 문화콘텐츠인가", 「한국문화콘텐츠」, 청동거울(2005), p. 35.

25) 김만수, 앞의 글(2006), p. 50.

26) 손화철, "문화로서의 현대 기술과 교회", 「신앙과 학문」 11권 1호(2006), pp. 48-54. 비판의 기능을 갖고 있는 철학은, 특히 기독교철학은 원천자료를 콘텐츠화하는 미디어 내지 기술에 대해 비판적 평가를 할 수 있으리라 생각한다. 이 과제는 기술철학의 영역에 속한다고 여겨진다.

27) 이윤선, 「민속문화 기반의 문화콘텐츠 기획론」, 민속원(2006), p. 5 이하.

28) 김원제 외, 「문화콘텐츠 블루오션」, 커뮤니케이션북스(2005), p. 4.

산업사회가 뿌리와 줄기, 가지, 나뭇잎으로 구성된 나무tree 모델로 설명된다면, 후기산업사회는 리좀rhizome 모델로 설명될 수 있다. 나무 모델에서는 모든 의미는 중앙부를 통해 생겨나며 위계질서에 따라 위에서 아래로 전달된다. 하지만 사이버 커뮤니티는 리좀 체계를 따른다. '뿌리'를 뜻하는 그리스어 리조마rhizoma에서 파생된 단어 '리좀'은 들뢰즈 Gilles Deleuze와 가타리Félix Guattari의 철학에서 핵심이 되는 개념으로서 대나무의 뿌리줄기처럼 줄기가 변해 땅속의 뿌리가 된 것을 가리킨다. 따라서 나무 모델과는 달리 출발점 자체가 다르며 중심 개념이 없다. 그래서 리좀은 뿌리가 아닌 것에서 뿌리가 나오듯이 서로 다른 종들이나 학문들이 모여 하나의 체계나 학문을 이루는 것을 뜻하는 비유로 사용된다.29) 리좀 모델에 따르면, 하나의 학문이나 종을 이루는 데 있어서 지배적 위치를 차지하는 학문이나 종은 있을 수 없다. 이는 동등한 학문들이나 종들의 수평적 협력을 통해 성립하는 학제간 학문의 성격을 잘 나타내준다.

이러한 리좀 모델은 디지털 공간에서 다양하게 결합되어 성립되는 디지털 문화콘텐츠의 성격을 잘 나타내준다. 디지털 기술이 만들어내는 문화콘텐츠는 높은 벽들에 의해 나누어져 있던 각 예술분야들을 멀티미디어로 통합시켜 나가기 때문이다.30) 이는 이전에 정보의 기능과 형태에 따라 이루어지던 구분이나 인쇄물, 영상물, 음성 등에 의한 구분이 점차 의미를 잃어버리고, 모든 정보가 디지털콘텐츠라는 개념으로 통합되는 것과도 맥락을 같이 한다.31) 이렇게 디지털콘텐츠라는 매체만 존재하고 그 매체 안의 콘텐츠는 다양할 수 있으며, 유목민에 의해 영토의 구획이 매번 바뀌듯이 디지털콘텐츠라는 환경 안에 있는 콘텐츠들 사이의 구분이 계속 바뀔 수 있다. 필자는 디지털 콘텐츠를 좁은 의미의 문화콘텐

29) 김만수, 앞의 글(2006), pp. 134-136.

30) 박상천, 앞의 글, p. 30.

31) 김원제 외, 앞의 글, p. 8.

츠, 비디지털 콘텐츠까지 포함한 콘텐츠를 넓은 의미의 문화콘텐츠로 이해하는 것이 좋다고 생각한다.

그런데 박상천처럼 문화생산물과 문화콘텐츠를 구분하는 이들도 있다. 그들은 문화생산물이 생산자나 작가에 초점을 맞춘 개념이 문화생산물인데 반해, 미디어라는 유통방식에 초점을 맞춘 개념이 문화콘텐츠라고 여기기 때문이다.[32] 그런데 미디어가 디지털이라는 새로운 미디어인 경우 문화콘텐츠는 디지털콘텐츠로 불릴 수 있다. 국내에서 문화콘텐츠가 좁은 의미로 사용되는 경우 디지털 문화예술의 환경에 맞는 콘텐츠라는 뜻에서 디지털콘텐츠와 동의어로 사용된다. 실제로 국내에서 문화콘텐츠는 대부분 디지털콘텐츠에 의해 유통되는 영화나 방송, 애니메이션, 게임, 음반, 캐릭터, 전자책 등을 가리킨다.[33]

(3) 문화콘텐츠의 상업성

위에서 설명한 문화콘텐츠는 인문학이 콘텐츠화될 때 큰 경제성을 지닐 수 있음을 보여줌으로써 신자유주의 분위기 가운데 비효율적이고 비경제적이라는 이유로 고사당하고 있는 인문학이 신자유주의적으로 자신을 변호할 수 있는 기회를 제공했다. 아무리 뛰어난 산업기술을 지니고 있어도 원천 자료를 가지고 있지 않으면 콘텐츠를 제작해낼 수 없기 때문이다. 이성 중심의 산업사회와는 달리 감성을 중요하게 여기는 포스트모던 시대에 문화콘텐츠 산업은 일종의 블루오션blue ocean을 창출해낼 것으로 기대되고 있다.

특히 세계적으로 문화콘텐츠 산업에 뛰어든 나라가 많지 않다는 점에서, 한국이 다른 나라에 비해 IT 강국이라는 점에서 한국의 인문학이 인문학적 자산을 콘텐츠화하는 경우 세계시장을 선점할 수 있다는 판단도 여기에 깔려 있다.[34] 반도체 산업 등에 집중함으로써 한국이 경제 성

---

32) 박상천, 앞의 글, p. 32.
33) 우정권, "문화콘텐츠", 「한국문화콘텐츠」, 청동거울(2005), pp. 19-22.

장에 도움을 얻었듯이, 이제 21세기 정보화시대에 문화콘텐츠 산업에 집중함으로써 지속적인 경제성장을 이룰 수 있을 것이라는 판단도 있다. "자동차 만 대를 파는 것보다 영화 한 편을 수출하는 것이 더 이익이 된다"라는 말도 이와 맥락을 같이 한다. 그래서 사람들은 20세기를 경제전쟁의 시대라고 평가하는데 반해 21세기를 문화전쟁의 시대라고 평가한다. 미국과 유럽연합은 이미 문화산업을 국가의 핵심 사업으로 여기고 있다. 미국은 '디지털 이코노미'를, 캐나다는 '콘텐츠 육성전략'을, 영국은 '디지털콘텐츠 실행계획'을, 일본은 'e-재팬'을 통해 문화콘텐츠 산업을 육성하고 있다.35)

    이처럼 전통적 산업사회에서 정보화 지식사회로 넘어가면서 문화 이해와 문화 소통, 문화 실천, 문화 창조가 점점 더 중요하게 된다.36) 예를 들어, 원 재료도 중요하지만 그 재료를 어떻게 문화적으로 가공하는가가 판매에 큰 영향을 준다. 밥값보다 비싼 돈을 지불하고 스타벅스 커피 한 잔을 마시는 이유도 바로 여기에 있다. 사람들은 커피 한 잔만 마시는 것이 아니라 스타벅스라는 이미지도 같이 마신다.37) 문화가 한 나라의 경제력이라고 평가하는 까닭도 바로 여기에 있다.38) 그래서 학계에서 문화사회학, 문화경제학, 문화경영학 등 문화 관련 연구가 첨단 영역으로 부각되는 이유도 여기에 있다. 이제 사람들은 문화가 고부가가치를 만들어내는 원천이라는 생각을 하게 되었다.39) 하지만 그렇다고 해서 문화가 모두 경제적 가치로 환원되는 것은 아니다. 경제는 생존의 문제인데 반해 문화는 삶의 질의 문제이기 때문이다.40)

---

34) 김원제 외, 앞의 글, p. vi.

35) 임은모, 「문화콘텐츠 비즈니스론」, 진한 M&B(2001).

36) 미디어문화교육연구회, 「문화콘텐츠학의 탄생」, 다홀미디어(2005), p. 4.

37) 박양식, "아바타와 기독교적 문화읽기", 「문화상품과 기독교적 문화읽기」, p. 76 이하.

38) 김영한, "문화상품과 기독교적 문화읽기: 개혁신학의 관점에서", 「문화상품과 기독교적 문화읽기」, 불과구름(2003), p. 7 이하.

39) 최연구, 「문화콘텐츠란 무엇인가」, 살림(2006), p. 13 이하.

(4) 문화콘텐츠학과 인문학

지금까지는 주로 문화콘텐츠학을 통해 인문학이 경제성을 입증할 수 있음을 부각시켰다. 바로 이는 신자유주의 사회에서 인문학이 자신의 생존 이유를 밝히는 방법이기도 하다. 이제부터 필자는 인문학이 없으면 문화콘텐츠학이 불가능하다는 점을 부각시키고자 한다.

앞서 밝혔듯이, 문화콘텐츠학을 구성하는 학문들은 나무tree형의 체계를 이루지 않고 리좀 형태를 띠고 있다. 그러기에 문화콘텐츠학을 하는 사람들은 문화콘텐츠학에서 어떤 학문에 치중해야 하는가 하는 문제에 대답하기 어렵다. 국내 상황을 보면, 문화콘텐츠학과를 설립하고 운영하는 주체들은 그 출신 배경이 인문학 분야인가, 예술 분야인가, 기술공학 분야인가, 사회과학 분야인가에 따라 문화콘텐츠를 나름대로 해석하고 있다. 그들은 문화콘텐츠 산업에 관여하는 다양한 학문들을 어떻게 효율적으로 분류하고 전문화시킬 수 있는지에 대해 아직 뚜렷한 대답을 내놓지 못하고 있다.[41]

그 결과 문화콘텐츠학은 연구대상은 있지만 통일된 연구방법론을 지니지 못하고 통일된 학문의 역사도 지니지 못해서 분과학문으로서 성립하기 어렵다는 평가를 받게 된다.[42] 현재 문화 연구가 진정한 의미의 학제간 연구가 되지 못하고, 문제를 총체적으로 읽어내는 방법론도 지니지 못하고 있다.[43] 필자가 보기에 이는 리좀 형태에 따르는 학제간 연구가 갖는 필연적 난점이라고 생각한다. 나무tree형 체계에 익숙한 사람들에게 문화콘텐츠학의 이러한 상황은 혼란스럽게 보이겠지만, 포스트모던적 사고를 하는 사람들에게 이 상황은 매우 생산적으로 보일 수도 있

---

40) Ibid., p. 4 이하.
41) 박지선, 「문화콘텐츠 교육을 위한 교과과정」, 미디어문화교육연구회, 앞의 글, pp. 172-174, p. 178.
42) 김만수, 앞의 글(2005), pp. 137-139.
43) 김만수, 앞의 글(2006), pp. 99-101.

을 것이다.

하지만 몸의 모든 기관이 모두 다 중요하지만 어떤 기관은 없어도 생명에 지장이 없는 반면 어떤 기관은 생명과 관련하여 꼭 있어야 한다. 이처럼 학제간 성격을 띠는 문화콘텐츠학을 이루는 여러 학문 가운데 생명처럼 꼭 있어야 하는 학문은 바로 인문학이다. 특히 디지털 기술이 도입됨에 따라 장비가 저렴해지고 간소해지고, 제작기간이 짧아져서 다량의 콘텐츠를 제작하기 쉬운 환경이 됨에 따라 점점 더 중요해지는 요소는 제작 기술보다 제작될 내용이다.[44] 스토리만 제공해주면 좋은 그림을 제공해주겠다는 만화가가 주변에 많다.

인문학은 바로 이러한 필요를 채워준다. 인문학은 그 자체로서 콘텐츠가 되는 동시에 다양한 콘텐츠의 기초가 되는 원천 자료를 제공해준다. 문화콘텐츠는 유(有)에서 유(有)를 창조한다. 달리 말하자면, 문화콘텐츠는 원천 자료가 있어야 재가공을 통해 만들어진다. 지금 콘텐츠 관련자들이 원천 자료에 해당되는 스토리의 부재를 호소하고 있다. 그런데 스토리의 창조는 하루아침에 이루어지는 것이 아니다. 예를 들어, 게임 산업에서도 가장 큰 문제는 인력의 문제이다. 제대로 된 이야기 구조를 만들 수 있는 능력은 인문학적 훈련을 통해서 주어진다. 좋은 문학과 좋은 그림, 좋은 음악을 접하고 훌륭한 사고훈련을 거친 사람만이 탄탄한 스토리 구조를 제시할 수 있기 때문이다.[45]

다양한 미디어를 통해 다양한 문화콘텐츠를 생산하는 사람의 입장에서는 이미 오랜 시간을 통해 검증되어 고유의 브랜드를 확보한 원천 자료가 매우 소중하다. 인문학은 오랜 역사를 통해 경쟁력 있는 원천 자료(예: 신화)를 확보하고 있다. 철학을 예로 든다면, 오랜 논의를 통해 형성된 세계 이해와 사회 이해, 자아 이해 등이 훌륭한 원천 자료가 될 수 있다.[46] 문화콘텐츠가 제작되려면 원천자료를 제공하는 인문학에서

---

44) 유승호, 앞의 글, p. 53.
45) 위의 글, p. 96.

출발해서 기획하는 경영학을 거쳐 미디어를 통해 제작하는 공학에 이르러야 하는데, 인문학은 문화콘텐츠의 근원이라는 점에서 여전히 중요하다. 산학협력을 지나치게 강조한 나머지 인문학의 고유한 작업을 무시해서는 안 된다. 당장 실용화되지 않는 인문학적 성과도 미래에 훌륭한 원천자료 역할을 할 수 있기 때문이다. 물론 현대 정보화 사회에서 인문학자는 자신의 인문학적 성과를 데이터베이스화하는 노력을 게을리 해서는 안 된다. 그 데이터베이스는 후일에 문화콘텐츠의 원천 자료 역할을 할 것이기 때문이다.

그런 점에서 우리는 인문학은 문화콘텐츠학의 필요조건이라고 말할 수 있다. 물론 인문학이 문화콘텐츠학의 충분조건은 아니다. 예를 들어, 우리는 가장 기술집약적인 첨단 산업인 게임 산업에서도 아무리 좋은 기술이 있어도 좋은 콘텐츠가 없으면 팔리지 않는다는 점을 소니의 '플레이스테이션2'가 시장에서 실패한 사실에서 엿볼 수 있다.[47] 콘텐츠의 부재는 아무리 기술이 발달해도 해결될 수 없다. 그러기에 기존의 콘텐츠를 디지털화하거나 DB화하는 일 못지않게 창조적 콘텐츠를 제작해낼 수 있는 인력을 교육해야 한다. 이 일은 주로 인문학에서 이루어진다.[48]

(5) 문화콘텐츠 제작인력과 인문학

하지만 기존의 인문학적 교육과정만으로는 창조적 콘텐츠를 제작해낼 수 있는 인력을 만들어낼 수 없다. 기존의 인문학은 문화콘텐츠 제작의 필요조건이지 충분조건은 아니기 때문이다. 또한 인문학적 성과를 단순히 데이터베이스화하거나 디지털화하는 것만으로는 경쟁력 있는 문화콘텐츠가 나오지 않는다. 문화와 미디어 플랫폼콘텐츠를 전하는 매체, 인터넷, 디지털

---

46) 박기수, 앞의 글, p. 5.

47) 유승호, 앞의 글, p. 4.

48) 백석대 BK21 사업이 기독교문화콘텐츠 기획, 제작 전문인력 양성을 위한 교육과정 및 프로그램을 만드는 데 목표를 둔 까닭도 바로 여기에 있다.

TV, 모바일 등, 콘텐츠 비즈니스를 이해하는 인력이 문화콘텐츠를 제작할 수 있다. 그렇다고 인문학이 그러한 인력을 키우는 것을 전담할 수는 없다. 문화콘텐츠학이 여러 학문이 협력하는 학제간 학문이듯이 문화콘텐츠 제작 인력 교육을 위해서는 인문학을 비롯한 여러 학문이 참여하는 커리큘럼이 만들어져야 한다. 최근 국내에 많이 설립된 문화콘텐츠 관련 학과에서 그 학과에 걸맞은 전문 교수를 구하지 못하는 까닭도 문화콘텐츠학의 이러한 특수성에 있다. 문화콘텐츠 제작인력을 양성하기 위해서는 인문학을 통해 우수한 시나리오와 아이디어를 내놓을 수 있게 하고, 디지털 기술 교육을 통해 그 시나리오와 아이디어를 콘텐츠화할 수 있도록 하고, 경영학 등을 통해 이를 상품화하고 마케팅할 수 있도록 해야 한다.[49]

교육현장에서 이런 전문인력들을 교수진으로 끌어들여 협조적 네트워킹을 해야 하듯, 실제 문화콘텐츠 생산현장에서도 이러한 네트워킹을 구축해야 한다. 리좀 형태의 네트워킹에서는 각 분야가 대등한 위치에서 서로 협력해야 하지만, 현실에서는 이 분야들을 서로 네트워킹해주는 중심이 있어야 한다. 백석대 기독교문화콘텐츠팀이 사업의 일환으로 기독교문화콘텐츠센터를[50] 설립한 이유가 바로 여기에 있다. 미국 내쉬빌 Nashville에 소재한 GMA Gospel Music Association가 음악 산업 현장의 다양한 인력들을 네트워킹해주는 일종의 비영리 중개상 역할을 하는 것처럼, 기독교문화콘텐츠센터는 전문 인력들을 데이터베이스화하며 전문 인력들끼리, 산업현장과 대학 사이의 소통을 가능하게 해주는 역할을 하고자 한다. 이 센터가 대학교 안에 소재하고 있기에 안정성과 공신력을 지닐 수 있어 개인 사업 차원에서 센터를 세우는 것보다 유리한 점이 있으리

---

49) 태지호, 앞의 글, pp. 189-191.

50) 기독교문화콘텐츠센터는 지난 2007년 5월까지 기독교 다큐멘터리, 기독교문화콘텐츠 기획, 기독교문화와 페미니즘, 기독교 애니메이션과 관련하여 7차례의 심포지엄을 개최하였으며, IP(Internet Protokol) TV채널을 확보하였으며, (주)매직영상과 산학협력을 강화하고 있다.

라 여겨진다.[51)]

   또한 문화콘텐츠는 제작과정부터 창조성과 대중성을 모두 지녀야
한다. 따라서 대중성과 상품성에 대해 잘 알지 못하는 인문학자에게만
원천 자료 개발을 맡겨서는 안 되며, 문화콘텐츠 산업 관련 당사자들이
함께 모여 상품화까지 염두에 두는 방식으로 원천 자료를 개발할 필요가
있다. 물론 문화콘텐츠와 무관하게 인문학 자체로서 원천 자료를 만들어
내는 작업 자체를 무시하는 것은 아니다. 인문학의 원천 자료 개발이 문
화콘텐츠 산업이라는 맥락 속에서 이루어질 때는 그러해야 한다는 말이
다.[52)]

   따라서 다양한 참여자들을 하나로 묶어주는 기획자가 중요하게 되
는데, 이 기획자는 인문학적 소양을 갖추고 있으면서도 원천 자료를 상
업화하는 것을 염두에 두고 원천 자료를 만들도록 기획할 수 있어야 한
다. 이 기획자는 각 분야에 대해 깊이 알지는 못하더라도 어느 정도 이해
할 수 있어야 하며, 전문화된 각 업무들의 연관성을 파악할 수 있어야 하
며, 그 결과 제작되는 문화콘텐츠를 비판적으로 분석할 수 있는 능력을
갖추어야 한다. 이러한 기획 인력을 교육하기 위해서는 기존의 인문학적
교육 외에 제작에서 생산까지 모두 기획할 수 있는 능력을 제공하는 교
육이 필요하다.[53)] 백석대 기독교철학 전공이 대학원 커리큘럼에 기존의
인문학적 교과목 외에 문화콘텐츠 기획, 비평, 분석 등과 관련된 과목을
대거 신설한 까닭도 바로 여기에 있다.

   이는 기획서와 계획서를 잘 쓰는 사람이 평가받는 21세기 정보화 시
대와 맥락을 같이 한다.[54)] 분업화된 전문분야에 정통한 개인이 중요했
던 산업사회와 달리 네트워킹이 강조되는 정보화 사회에서는 지식이나

---

51) 유승호, 앞의 글, pp. 340-344.

52) 위의 글, p. 6.

53) 박지선, 앞의 글, pp. 172-174, p. 178.

54) 김영애, "문화콘텐츠 산업의 기획", 「인문콘텐츠」 창간호(2005), p. 68.

문화 등의 생산은 개인의 일이 아니라 공동체의 일이다. 개인과 공동체, 산업현장이 유기적으로 상호작용할 때 창의적인 문화콘텐츠가 나올 수 있다. 이 때 창의성은 반드시 개인으로부터 나온다고 말할 수 없다. 이미 기존의 공동체에 축적된 콘텐츠가 공동체 안에서 개인이 새로운 콘텐츠를 제작하는 데 영향을 줄 수 있기 때문이다.[55]

예를 들어, 산업사회에서 책의 저술은 전적으로 개인의 일이었다. 개인이 어떤 문제를 잡아서 그 문제에 대한 해결을 모색한 결과를 담아 책으로 출판했다. 하지만 21세기 사회에서 책을 저술하는 과정은 달리 진행되기도 한다. 출판사의 출판 기획자가 사회 구성원들의 필요를 파악해서 어떤 분야에 어떤 종류의 책이 필요한지를 판단하고, 그러한 책을 저술하기에 적합한 전문 인력을 찾아서 그 인력에게 그 책의 기획의도를 설명해주고 저술을 부탁한다. 또한 적극적인 출판기획자는 저자가 초고를 만드는 단계부터 개입해서 때로 자료도 제공하고 때로 방향도 제시하고 때로 수정도 요구하면서 책을 함께 만들어간다. 이렇게 출판시장을 염두에 두고 만들어진 책은 저자 개인이 사회의 요구와 무관하게 스스로 만들어낸 책과는 달리 시장에서 경쟁력을 갖게 된다.[56]

이처럼 공동체의 다양한 구성원들을 네트워킹해주는 기획자의 역할이 점점 더 중요하다. 최근 기업에서 나무tree 모델을 따르는 수직적 피라미드형 구조의 사업체계보다 사안별 과제를 위해 만들어진 팀task team이 수평적 네트워킹 속에서 일을 하는 것을 강조하는 것도 이와 맥락을 같이 한다. 이 때 팀원들과 얼굴을 맞대고 일하면서 각 팀원들의 일을 네트워킹해주는 기획자인 팀장의 역할이 매우 중요하다.[57] 필자는 구체적인 적용까지 생각하는 인문학이 이러한 기획자 양성에 큰 기여를 할 수

55) 장노현, "인문학적 문화콘텐츠와 창의성", 「한민족문화연구」 제18집(2006), pp. 11-14.
56) 물론 출판사가 상업성만 추구할 때 출판기획자의 기획은 사회의 공익과 멀어지는 경향을 나타낸다. 출판기획자는 상업성뿐 아니라 사회의 공익도 추구해야 할 도덕적 의무를 지녀야 한다. 이는 모든 문화콘텐츠 기획자에게 똑같이 적용된다.
57) 유승호, 앞의 글, pp. 22-24.

있으리라 생각한다.

　기술 인력은 단기간에 양성되지만 창조적 기획인력은 문화예술적 감수성과 더불어 문화 전반에 대해 폭넓은 지식을 지닌 인문학적 인력이어야 하기에 단기간에 양성되기 어렵다. 지금 문화콘텐츠 산업 현장에서 기술 인력은 많지만 창조적 기획인력이 부족한 까닭도 바로 여기에 있다.[58] 특히 문화콘텐츠 상품은 인간의 창의성과 감성이 깃든 창작품이기에 산업사회처럼 기술에 의한 대량생산의 대상일 수 없다. 다양성과 창의성을 특징으로 하는 문화콘텐츠 상품을 위해서는 다양한 사고와 창의성을 키우는 인문학적 교육이 필요하다.[59] 따라서 인문학이 기존의 인문학적 교육에 산업적 지식 교육을 더한다면 문화콘텐츠 산업현장이 필요로 하는 인력들을 양성할 수 있을 것이며, 이는 인문학의 위기를 극복하는 하나의 방안이 될 수 있을 것이다. 더 나아가서 이를 통해 인문학에서 만들어낸 원천 자료의 혜택을 일반인들이 누릴 수 있게 되며, 그 결과 다시 인문학에 대한 정부의 투자가 정당화되는 선순환을 이룰 수 있을 것이다.

03 기독교와 문화콘텐츠

(1) 종교문화의 콘텐츠화 시도

　필자는 지금까지의 논의를 통해 기존의 인문학이 문화콘텐츠의 원천 자료를 생산 제공하며, 응용 인문학인 문화콘텐츠학이 인문학적 소양 위에서 문화콘텐츠를 기획, 제작할 수 있는 인력을 양성할 수 있다고 밝혔다. 이제부터 필자는 인문학의 연구대상 가운데 하나인 종교가 어떻게

---

58) 박상천, 앞의 글, p. 43 이하.
59) 최연구, 앞의 글, p. 15 이하. 박지선, 앞의 글, p. 171.

원천 자료를 생산 제공할 수 있으며, 이와 관련하여 종교^{필자의 경우 기독교}라는 원천자료를 기획 제작하는 인력을 어떻게 교육해야 하는가라는 문제를 다루고자 한다.

최근 종교를 문화콘텐츠의 원천 자료로 삼고자 하는 움직임이 활발하게 일어나고 있다. 불교의 경우 대한불교조계종은 한국불교문화사업단의 주관아래 전통적인 불교문화의 우수성을 알리기 위해 독창적인 불교문화콘텐츠를 개발하기 위해 '제4회 불교문화 디지털콘텐츠 공모전'을 개최하여 '템플스테이'라는 주제 아래 템플 스테이 72개 사찰에 관련된 설화, 문화재, 인물, 참여 프로그램 등을 소재로 삼은 플래시 애니메이션, 캐릭터 부문, 일러스트 부문에서 2008년 2월 11일에서 2월 29일까지 작품을 접수하고 있다.[60] 이와 비슷한 맥락에서 한국불교는 동국대 안에 불교사회문화학과를 신설하기도 했으며, 동국대 영상대학원 안에는 문화콘텐츠학과가 있으며, 그 학과 안에 문화콘텐츠R&D센터를 운영하고 있으며, 2006년 2월에는 한국불교문화콘텐츠 연구소를 설립하기도 했다.[61] 중앙승가대학교도 2007년 커리큘럼에서 응용불교학이라는 이름 아래 불교문화콘텐츠학이라는 과목을 개설하고 있다.

최근 기독교도 영화 등 미디어를 배타적으로 거부하거나 비판적으로 견제하던 입장에서 벗어나 적극적으로 활용하려는 태도를 보이고 있다.[62] 2005년 (주)CBSi와 미국 산타페 커뮤니케이션즈는 총 10년에 걸쳐 기획 제작한 '벅스 바이블 어드벤처'를 시장에 내놓았다. 이는 성경 속 인물들의 이야기를 곤충들의 이야기를 통해 교훈적으로 엮어냄으로써 성경이라는 원천 자료를 소비자의 눈높이에 맞게 콘텐츠화한 사례이다.[63] (주)매직영상은 세계 최초로 기독교의 고전인 〈천로역정〉을 애니

---

60) 표세현, "제4회 불교문화 디지털콘텐츠 공모전 열린다", 「불교신문」, 2007년 11월 14일자.
61) 어현경, "불교계 '문화콘텐츠 바람'은 부는데…", 「불교신문」, 2006년 3월 11일자.
62) 신광철, "영화와 종교교육", 「종교교육학연구」 제17호(2003), pp. 61-63.
63) 장익성, "성경적 교훈, '곤충 캐릭터'로 다가서", 「크리스찬연합신문」, 2005년 7월 6일자.

매이션으로 제작하여 2008년 초에 출시할 예정이다.

(2) 문화콘텐츠에 대한 기독교철학의 역할

이렇게 종교문화를 콘텐츠화하려는 시도와 관련하여 기독교철학은 어떤 역할을 할 수 있는가? 우선 기독교철학은 철학이 지니는 비판적 기능을 통해 기독교문화콘텐츠에 기여할 수 있을 것으로 보인다. 원천 자료를 콘텐츠화하는 과정은 기독교의 원래 메시지를 상황에 맞게 적용하는 과정과 유사해 보인다. 우리와 다른 상황에 있는 독자에게 이야기된 메시지를 오늘날 우리 상황에 맞게 각색해서 전달하는 일은 매우 의미 있는 일이다. 하지만 이러한 번역과정에는 오역이 있을 수 있다. 이 오역은 때로 창조적일 수도 있지만 원전의 입장에서 보면 일단 왜곡이다. 번역은 번역으로서 가치를 지니는 것이지 번역이 원전이라고 주장하는 순간 그 가치를 잃어버릴 수 있다. 비판적 기능을 수행하는 기독교철학은 바로 이 부분에서 해야 할 일이 있다. 필자가 보기에 기독교철학에는 기독교의 원래 내용을 문화콘텐츠화하는 과정에서 생겨날 수 있는 오해와 잘못을 지적하는 문화비평적 사명이 있다. 김영한이 개혁신앙이 문화산업에서 해야 할 역할을 열거하면서 문화의 영을 분별하고 문화의 모니터 역할을 해야 한다고 강조하는 까닭도 바로 여기에 있다.64)

그런데 원천 자료와 문화콘텐츠를 모두 다 잘 이해할 수 있는 인력만이 이런 문화비평을 할 수 있다. 따라서 이렇게 교육된 인력은 원천 자료를 이용한 문화콘텐츠 기획과 제작과정에 대해 전반적 이해를 지닐 것이며, 이는 기독교 문화를 콘텐츠화하는 데 크게 기여할 수 있을 것이다.65) 특히 기독교철학 전공자들은 텍스트를 정확하게 읽고 분석하는 훈련을 통해 문화비평 능력을 크게 얻을 수 있을 것이다. 물론 문화비평 능력만으로 충분하지는 못하다. 이와 관련하여 문화콘텐츠 분야와 관련

---

64) 김영한, 앞의 글, pp. 19-22.
65) 김만수, 앞의 글(2005), p. 134.

하여 기독교철학 전공은 기획자producer를 길러내야 한다. 이 기획자는 원천 아이디어를 지니는 한편, 구체적 현장에 있는 새로운 사람들과 만나 스토리 보드story board를 만들 수 있는 능력도 갖추어야 한다. 이 기획자는 일종의 사냥꾼hunter처럼 냄새를 잘 맡아 하나의 문화콘텐츠를 제작할 때 필요한 여러 분야의 전문가들을 식별해내고 모을 수 있는 능력과 설득력을 갖추어야 한다. 그러한 점에서 볼 때 기독교철학 전공학과가 문화콘텐츠 제작과 관련된 과목을 모두 개설할 수는 없다. 예를 들어, 영화 콘텐츠와 관련하여 기독교철학 전공학과가 영화 아카데미가 될 필요는 없다. 원천 아이디어를 개발하면서 이 아이디어를 구체적으로 콘텐츠화하는 것과 관련된 기술은 외주 형식으로 얻을 필요가 있다. 영화비평 스쿨이나 미디어아트 스쿨 등과 연계해서 구체적 지식은 그곳에서 얻을 수 있도록 하는 방안이 바람직해 보인다. 기획자는 전문기술 분야와 관련하여 기획에 필요한 정도의 지식을 지니면 될 것이기 때문이다.

또한 기독교철학에는 기독교윤리가 포함되어 있다. 그러하기에 원천 자료를 문화콘텐츠로 가공하는 과정에서 저작권 문제 등이 생길 때 구체적인 사안에 대해 법학이 도움을 주듯이, 근본적인 물음에 대해 기독교윤리학자가 도움을 줄 수 있다. 신문사가 신문기사를 게재하기 전에 변호사의 자문을 구하듯이, 기독교문화콘텐츠 제작과정에서 생길 수 있는 윤리적 문제에 대해 (기독교가 종교이기에 기독교문화콘텐츠 제작과정에서 생기는 문제는 많은 경우 단순히 법적 문제가 아니라 윤리적 문제일 수 있다) 기독교윤리학자의 자문을 구해야 할 것이다. 이와 관련하여 기독교철학 전공은 구체적인 문화현장에서 일하는 문화기획자와 문화제작자들에게 그들의 작업의 의미를 밝혀주는 역할도 할 수 있을 것이다. 예를 들어, 한국의 궁중 음식을 전문으로 하는 조리사가 기독교인 경우 그는 음식문화와 관련된 자신의 작업이 기독교적으로 어떻게 해석될 수 있는지 궁금해 할 것이다. 이 경우 그에게 의미 있는 기독교적 해석을 제공한다면 그는 자신의 삶에 더 큰 의미와 자긍심을 느낄 것이다. 또한 그러한 해석은 그의 조리 작업에 긍정적 영향을 줄 수도 있을 것이다.

또한 기독교미학도 포함하는 기독교철학은 기독교문화콘텐츠 제작과 관련하여 미학적 판단을 내려야 하는 경우 도움을 줄 수 있을 것이다. 백석대 기독교철학 석박사과정에 예술철학, 기독교 미학 등 미학 관련 과목을 상당수 포함시킨 이유도 여기에 있다.

또한 논리학이 기독교철학에 포함되어 있기에 기독교철학은 문화콘텐츠가 탄탄한 스토리텔링으로 구성되도록 하는 데 도움을 줄 수 있다. 논리학이 제공할 수 있는 논리적 전개에 미학적 감수성이 덧붙여지면 훌륭한 스토리텔링이 가능할 것이다. 또한 철학이 제공할 수 있는 논리학과 수사학 교육은 문화콘텐츠 제작에 재원을 제공할 자본가들을 설득하는 데 크게 이바지할 수 있을 것이다. 이는 경영과 연결되는데, 기독교철학은 올바른 기독교 경영이 무엇인지를 제시함으로써 자본가 설득의 바로미터를 제공할 수 있으리라 여겨진다.

이와 관련하여 필자는 기독교철학을 포함하여 철학을 기초적으로 하고서 문화콘텐츠 기획자나 제작자로 성공한 사례들을 분석해볼 필요가 있다고 여긴다. 예를 들어, 중세 미학자인 움베르토 에코Umberto Eco가 어떻게 「장미의 이름」과 같은 베스트셀러 소설을 집필함으로써 문화산업계에서 스타가 되었는지 구체적으로 살펴볼 필요가 있다. 이는 기독교철학 공부를 기초로 하면서 문화콘텐츠 기획능력과 제작능력을 갖추어 나갈 수 있는 커리큘럼을 만들어가는 데 도움이 될 수 있기 때문이다.

또한 필자는 기독교계가 학문적으로 신학 외의 방법을 적극 활용하지 못했다는 추태화의 지적에 귀 기울일 필요가 있다고 생각한다. 교회문화는 있지만 사회 전체적으로 인정받을 수 있는 기독교문화가 없는 까닭은 바로 기독교문화콘텐츠 작업을 등한히 했기 때문이라 생각한다. 필자는 신학과 일반 학문 세계 사이에서 번역자의 역할을 감당하고자 하는 기독교철학이 바로 기독교문화콘텐츠 작업에 적합한 학문 분야라고 생각한다. 필자는 기독교철학을 통한 기독교문화콘텐츠 작업이 기독교가 일종의 게토Ghetto에서 벗어나서 한국사회 문화에 이바지할 수 있는 길을 열어줄 것이라고 생각한다.66) 기독교가 한국 사회에 문화적으로 기여할 수 있는 방법을 찾기 위해서는 문화콘텐츠 기획자가 사회 현장의 수요를 정확히 조사해서 그 요구에 맞게 원천 자료를 콘텐츠화하듯이, 기독교철학자들은 한국 사회의 현실과 요구를 깊이 있게 파악해야 하며, 기독교의 원천 자료를 콘텐츠화함으로써 그 현실을 타개하고 그 요구를 채워줄 수 있는 콘텐츠를 개발해야 한다. 이는 기독교의 입장에서 볼 때 하나님 나라의 확장일 수 있다. 한국 사회의 입장에서 볼 때 기독교문화콘텐츠 작업은 기독교가 한국 사회 현실의 문제를 해결해가는 데 도움을 주는 일이며, 기독교인 인력들이 기독교 세계관을 가지고 한국의 문화산업에 기여하는 일이기도 하다.

이는 수요에 비해 공급이 많아 문제가 되는 한국 신학계의 현실을 타개하는 데도 크게 기여하리라 여겨진다. 전국의 신학대학에서 많은 목회자 후보생이 양성되고 있지만, 무임목사가 몇 천 명을 넘어가고 있는 실정이다. 다른 한편, 각 교회마다 음향 및 영상 등 문화시설은 잘 갖추어져 있는데 반해 기독교적 문화콘텐츠는 빈약한 실정이다. 기독교철학 전공이 신학 등과 연계해서 기독교문화기획능력의 기초를 제공해주며, 대학원 과정에서 산학협력을 통해 구체적 현장에서의 교육을 강화시킨다면 넘치는 신학생 공급을 기독교 문화제작의 방향으로 활용할 수 있으리라 기대된다.

기독교문화콘텐츠 작업은 현재 한국사회의 필요에 맞추어야 하기 때문에 "당신은 사랑받기 위해 태어난 사람"이라는 노래와 같이 기독교의 메시지를 간접적으로 담아 표현될 필요가 있다. 기독교문화콘텐츠는 기독교인만 누려야 할 콘텐츠가 아니라 모든 사람이 누려야 할 콘텐츠이기 때문이다. 그러나 그러한 콘텐츠 외에도 기독교인만 누릴 수 있는 기독교문

---

66) 추태화, 앞의 글, p. 271 이하.

화콘텐츠 제작도 가능하다. 미국의 경우 CCM^{Christian Contemporary Music}은 일반인도 즐길 수 있도록 기독교의 메시지가 간접적으로 나타나는 음악뿐 아니라 기독교의 메시지가 분명하게 제시되는 음악도 만들고 있다. 이는 기독교문화콘텐츠 사역과 관련하여 역할의 분담 문제처럼 보인다. 후자의 경우 그 문화콘텐츠는 기독교인에게 매력적인 문화콘텐츠이어야 한다.

또한 기독교문화콘텐츠화 작업은 기독교 문화가 옛 문화의 답습에 그치는 것이 아니라 한국 사회의 문화 수준을 높이는 데 기여할 수 있음을 보여주는 방식으로 진행되어야 할 것이다. 그래서 우리는 유비쿼터스라는 디지털 환경을 무조건 배척할 것이 아니라 그러한 상황에 맞게 기독교문화를 만들어가고 이를 통해 기독교의 메시지를 전할 필요가 있다.[67]

04 나가는 말

이 글에서 필자는 '문화콘텐츠와 기독교철학'이라는 주제를 다루었다. 필자는 백석대 기독교철학 전공이 '기독교문화 콘텐츠 기획·제작 전문인력 양성을 위한 교육과정 및 프로그램'을 개발해야 하는 상황에서 이 과제를 어떻게 이해해야 하는가라는 문제의식을 갖고 이 글을 썼다. 필자는 우선 문화콘텐츠학이 80년대 말부터 밀어닥친 신자유주의 속에서 인문학이 처한 위기상황을 극복하는 데서 출발했음을 밝혔다. 또한 필자는 산업사회에 적용되었던 나무 모델의 지식체계나 산업구조가 유비쿼터스라는 디지털 환경에서 더 이상 적용되지 않기에 리좀 모델에 따라 학제간 성격을 지니는 문화콘텐츠학이 필요하게 되었음도 지적했다.

---

67) 안종배, "유비쿼터스 사회의 문화전쟁", 「이타임즈(etimes)」, 2006년 10월 9일자.

필자는 우선 '문화콘텐츠'가 원천 자료를 다양한 미디어 매체(장르)를 통해 확대재생산하여 만들어진 상품이라는 점에 주목했다. 이어서 필자는 경제성과 효율성을 강조하는 신자유주의 속에서 인문학이 원천 자료의 생산과 그 자료의 창조적 콘텐츠화와 관련하여 중요한 역할을 한다는 점을 부각시킴으로써 인문학의 경쟁력을 부각시키고자 했다. 하지만 필자는 이를 위해서는 인문학이 기존의 방법론에 머물기보다 현대 기술과 경영학적 지식에 대해 열려 있어야 한다는 점을 강조했다. 인문학적 문화콘텐츠 학자는 원천자료의 생산과 개발부터 문화콘텐츠의 제작과 활용을 염두에 두어야 한다. 이와 관련하여 필자는 문화콘텐츠를 기획하고 제작하는 인력이 중요하며, 이러한 인력을 교육하는 데 인문학이 꼭 필요하다는 점을 강조했다.

이어서 필자는 종교문화를 원천 자료로 사용하여 콘텐츠화하는 작업들이 불교와 기독교 등에서 이루어지고 있음을 간략하게 소개한 다음, 기독교철학이 기독교문화를 콘텐츠화하는 일과 관련하여 여러 가지 역할을 할 수 있다고 주장했다. 기독교철학은 문화비평적 기능, 제작, 기획 능력을 제공하는 기능, 문화콘텐츠 제작과정에 생길 수 있는 문제들에 대한 윤리적 기준 제공, 문화콘텐츠의 미학적 평가 등에서 그 역할을 할 수 있다. 무엇보다도 기독교문화콘텐츠화는 기독교의 메시지를 일반 세상의 언어로 번역해야 하는 과제라는 점에서 기독교철학의 과제와 동일하다. 필자는 기독교문화콘텐츠 작업이 기독교가 한국 사회에 문화적으로도 크게 기여할 수 있는 일이라고 여긴다.

■참고문헌

김만수, 『문화콘텐츠 유형론』, 글누림, 2006.
김만수, "문화콘텐츠에서 교양의 역할", 『인문연구』 49, 2005.

김영순, "문화자본과 콘텐츠의 만남", 『문화콘텐츠학의 탄생』, 미디어문화교육연구회, 다홀미디어, 2005.

김영애, "문화콘텐츠 산업의 기획", 『인문콘테츠』 창간호, 2005.

김영한, "문화상품과 기독교적 문화읽기: 개혁신학의 관점에서", 『문화상품과 기독교적 문화읽기』, 불과구름, 2003.

김원제 외, 『문화콘텐츠 블루오션』, 커뮤니케이션북스, 2005.

김창유, "문화콘텐츠 제작 교육 중심에서 바라본 현행 산학협력의 한계 그리고 운영 개선방안", 용인대학교 조형연구소.

미디어문화교육연구회, 『문화콘텐츠학의 탄생』, 다홀미디어, 2005.

박기수, "신화의 문화콘텐츠화 전환 연구", 『한국문예비평연구』, 2006.

박상천, "왜 문화콘텐츠인가", 『한국문화콘텐츠』, 청동거울, 2005.

박양식, "아바타와 기독교적 문화읽기", 『문화상품과 기독교적 문화읽기』.

박재열, "지방문화산업의 날개", 『영남일보』 2005년 12월 13일자.

박지선, "문화콘텐츠 교육을 위한 교과과정", 『문화콘텐츠학의 탄생』, 미디어문화교육연구회, 다홀미디어, 2005.

손화철, "문화로서의 현대 기술과 교회", 『신앙과 학문』 11권 1호, 2006.

송태현, "포스트모던 문화와 기독교", 『종교연구』 제40호, 2005.

신광철, "영화와 종교교육", 『종교교육학연구』 제17호, 2003.

신광철, "학부 수준에서의 문화콘텐츠학과 교과과정의 분석과 전망", 『인문콘텐츠』 2호, 2005.

우정권, "문화콘텐츠", 『한국문화콘텐츠』, 청동거울, 2005.

유승호, "디지털 시대와 문화콘텐츠", 전자신문사, 2002.

이윤선, 『민속문화 기반의 문화콘텐츠 기획론』, 민속원, 2006.

임영상, "'문화콘텐츠 개발'과 인문학", 『인문콘텐츠』 제6호, 2006.

임영상, "인문학과 문화콘텐츠", 『전자신문』 2006년 2월 10일자.

임은모, 『문화콘텐츠 비즈니스론』, 진한 M&B, 2001.

장노현, "인문학적 문화콘텐츠와 창의성", 『한민족문화연구』 제18집, 2006.

주수현·유영명, "문화콘텐츠산업의 성장요인 분석", 『관광학연구』 30권 2호, 2006.

찰스 H. 크래프트, 『기독교문화인류학』, CLC, 2005.

최연구, 『문화콘텐츠란 무엇인가』, 살림, 2006.

추태화, 『대중문화시대와 기독교 문화학』, 코람데오, 2004.

태지호, "문화콘텐츠학의 체계 정립을 위한 기반 구축에 대한 연구", 『인문콘텐츠』
제5호, 2006.

복음과 문화의 상관성 연구:
선교적 적용성을 지향하며

김경진 | 백석대학교 교수

01 들어가는 말

선교란 예수 그리스도의 죽음과 부활을 근거로 한 기독교 복음을 타 문화권의 사람들에게 소개하는 것이다. 여기서 타 문화권이란 복음을 증거하는 선교사가 속한 공동체 밖을 의미하는 것으로서, 언어를 포함하여 문화 및 생활방식이 다른 지역 및 공동체를 가리킨다고 하겠다. 한때 유럽 및 미국의 서구 선교사들이 문화나 생활수준이 그들보다 열등한 아프리카나 아시아 지역에 복음을 전할 때, 마치 기독교를 토대로 형성된 서구 문화를 표준적 문화로 착각한 나머지, 복음과 함께 서구의 문화를 이식하려고 시도하다가, 복음전도에 심각한 차질을 빚은 사실을 역사는 전하고 있다. 비록 서구의 문화가 수천 년에 걸친 기독교 문화를 바탕으로 하여 형성되어 기독교적 성향을 다분히 내포하고 있다 할지라도, 그것이 곧 기독교 자체와 동일시될 수는 없는 것이다.

물론 아프리카와 아시아 지역의 나라와 민족들은 기독교 외의 다른 종교, 즉 불교, 힌두교, 이슬람교 등에 영향을 크게 받아 그 문화 자체가, 기독교적 입장에서 볼 때, 이교적일 수밖에 없는 것은 사실이다. 이런 맥락에서 만일 그들이 기독교를 받아들여 개종하게 되었을 때, 그러한 이교적 문화나 생활 방식의 변화를 요구하는 것 자체가 그릇되었다고 말할 수는 없을 것이다. 그러나 기독교 문화권 밖에 위치한 나라와 민족의 모든 문화를 일방적으로 이교적이라 매도하여, 그들의 문화 전체를 송두리째 바꾸도록 요구하는 것은 정도에 지나칠 수 있는 부분이 없지 않다. 어느 한 민족의 고유한 토속적 문화가 단지 기독교적이라 아니란 이유만으로 단순하게 이교적이라 매도될 수만은 없기 때문이다. 바로 이런 이유에서 우리는 효과적이고 바람직한 선교활동을 위하여 그 대상이 되는 피선교지의 문화에 대한 세심한 관찰과 주의 깊은 관심이 필요함을 지적하게 된다.

이런 맥락에서 과연 우리가 피선교지 문화에 대하여 어떻게 접근해야 하며, 또 어느 정도까지 그것을 수용하고 인정해야 하는지에 대하여 진지한 논의와 연구가 필요하다고 생각한다. 이 논문에서는 복음과 문화의 이러한 이질적 상관성에 착안하여, 효과적인 선교 및 복음전도를 위하여 피선교지 문화에 대한 하나의 바람직한 방향을 제시하되, 특별히 우리 주님의 말씀 및 사역이 소개되어 있는 공관복음과 사도 바울의 서신에서 그 배경 및 근거를 찾아보고자 한다.

02 공관복음

공관복음은 우리 주 예수 그리스도의 교훈과 사역을 담고 있는 책으로, 그 주된 내용은 하나님의 나라를 중심으로 한 가르침(διδάσκειν)과 십자가를 정점으로 하는 행하심(ποιεῖν)으로써(행 1.1), 결국 죄로 말미암아 타락한 인간의 구원이 그 핵심이 되고 있다(막 10.45). 하나님 나라와 십자가를 축으로 한 이러한 복음서의 내용은 세 권의 공관복음 모두에 공통되는 부분으로서, 공관복음의 통일성unity을 구성하고 있다.[1]

그러나 공관복음은 하나님 나라와 십자가와 관련하여 같은 이야기들을 똑같이 반복하고 있는 것은 결코 아니다. 동일한 이야기의 반복은 새로운 복음서 저술의 당위성을 설명할 수 없기 때문이다. 공관복음서 기자들은 비록 동일한 사건이나 교훈을 기록할지라도 항상 동일하게 저술하고 있지는 않다. 한 마디로, 공관복음서의 저자들은 동일한 사건이나 교훈이라 할지라도, 그들이 속한 공동체의 삶의 자리Sitz im Leben, 그 공동체가 안고 있는 문제들, 그리고 대상이 되는 공동체 구성원에 따라서 각기 다르게 이야기와 교훈을 기록하였던 것이다. 달리 표현하면, 위의 세 가지 요소를 참작하여 주님의 말씀과 사역을 해석함으로써 그 공동체에 적절한 메시지를 전달하였던 것이다. 이처럼 공관복음에 존재하는 상이한 내용을 일컬어 우리는 공관복음의 다양성diversity이라 부른다.[2]

공관복음에 존재하는 이 두 요소, 즉 통일성과 다양성을 감안할 때 결국 공관복음은 '같으면서도 다른 책'이라는 일견一見 애매한 진술을 얻게 된다. 동일한 주인공의 동일한 사건과 교훈을 기록한 책이 같으면서

---

1) 복음서의 통일성에 대하여 가장 잘 표현되어 있는 곳은 사도행전 1장 1절로, 여기에 언급된 ποιεῖν과 διδάσκειν은 바로 예수님의 지상사역의 핵심을 요약하여 표현한 것이다; 김경진, 『성서주석 사도행전』(서울: 대한기독교서회, 1999), pp. 56-57. 이것을 Bruce는 다음과 같이 적절하게 설명하고 있다: "The expression "to do and teach" well sums up the twofold subject matter of all the canonical Gospels: they all record *The Work and Words of Jesus*" (F. F. Bruce, *The Book of the Acts* (NICNT; Grand Rapids: Eerdmans, 1988), 30). Cf. A. M. Hunter, *The Work and Words of Jesus* (London: SCM, 1973); G. A. Krodel, *Acts* (ACNT; Minneapolis: Augsburg, 1986), p. 54; I. H. Marshall, *The Acts of the Apostles* (TNTT; Leicester: IVP, 1986), p. 56.

2) 공관복음 사이의 통일성(유사점)과 다양성(차이점)의 문제를 학술적 용어로는 '공관복음 문제'(Synoptic Problem)라 부른다. 이 문제에 대한 좀 더 자세한 설명은, 『목회와 신학』 146 (2001/8): pp. 46-135; 특집 "복음서 간의 차이, 어떻게 볼 것인가?"를 참고하기 바란다. Cf. 허브 밴더 러트, 황창선 역, 『성경 안의 모순 이해』(서울: 나눔사, 1993), pp. 125-127.

도 다르다고 하는 것은 얼핏 보면 참으로 당황스런 일처럼 보인다. 그러나 확실한 것은 이 두 요소가 온전히 고려되지 않는다면, 공관복음은 결코 바르게 이해될 수 없다는 사실이다.[3)]

여기서 본 논문의 주제와 관련하여 우리의 주목을 끄는 대목은, 위에서 지적한 다양성의 세 가지 이유가 곧 공동체의 문화적 상황과 관련되어 있다는 점이다. 다시 말하면, 공관복음 저자들은 피선교지에 해당하는 공동체를 위하여 그 복음서들을 저술할 때 그 공동체(피선교지)가 처한 사회, 문화적 상황을 도외시하지 않고, 오히려 그것을 염두에 두고 기록하였다는 것이다.

이러한 사실에 대한 실례 몇 가지를 언급함으로써 이해를 돕고자 한다.

(1) 속옷과 겉옷

"또 너를 송사하여 속옷을 가지고자 하는 자에게 겉옷까지도 가지게 하며",마 5:40.

καὶ τῷ θέλοντί σοι κριθῆναι καὶ τὸν χιτῶνά σου λαβεῖν, ἄφες αὐτῷ καὶ τὸ ἱμάτιον·

"네 이 뺨을 치는 자에게 저 뺨도 돌려대며 네 겉옷을 빼앗는 자에게 속옷도 금하지 말라",눅 6:29.

τῷ τύπτοντί σε ἐπὶ τὴν σιαγόνα πάρεχε καὶ τὴν ἄλλην, καὶ ἀπὸ τοῦ αἴροντός σου τὸ ἱμάτιον καὶ τὸν χιτῶνα μὴ κωλύσῃς.

---

3) 김경진, 『공관복음서 연구』 (서울: 도서출판 경건, 2004), pp. 39-53.

마태복음과 누가복음에 각기 기록되어 있는 주님의 이 말씀을 함께 읽을 때 참으로 당황스럽지 않을 수 없다. 도대체 속옷을 주어야 하는가, 겉옷을 주어야 하는가, 아니면 전부 다 주어야 하는가 하는 문제이다.[4] 그 이유는 두 복음서의 내용은 정확하게 반대로 기록되어 있기 때문이다. 마태복음에서는 속옷을 달라 할 때 겉옷까지 주라는 교훈이고, 누가복음에서는 겉옷을 달라 할 때 속옷까지 주라는 말씀이다. 왜 이처럼 옷의 순서가 반대로 기록되어 있는 것일까?

여기서 먼저 우리가 기억해야 할 것은, 이 둘 중에 어느 하나가 맞고 다른 것은 틀렸다는 진위眞僞 판단을 우리가 내릴 수 없다는 점이다. 왜냐하면 두 말씀 모두 주님의 입에서 나온 말씀이기 때문이다. 그렇다면 우리는 여기서 두 가지 해답을 제시할 수 있을 것이다.

첫 번째 답변은, 복음서 저자들이 두 종류의 전승 중 자신에게 유용한 전승을 택하여 사용하였다는 설명이다. 주님은 대상에 따라서 같은 이야기라도 그 순서를 달리 바꿔서 말씀하셨을 가능성이 있고,[5] 그렇게 해서 내려오게 된 이 두 가지 전승 중 마태는 〈속옷 → 겉옷 전승〉을, 누가는 〈겉옷 → 속옷 전승〉을 취하였다고 말할 수 있을 것이다. 이처럼 이 문제를 전승의 전수傳受로 설명할 때 우리는 복음서의 내용을 저자들이 *임의로* 바꿔 썼다고 주장하는 진보주의자들의 주장을 어느 정도 차단할 수 있을 것으로 사료된다.

두 번째 답변은, 이러한 내용상의 차이는 복음서 저자의 해석의 결과라는 설명이다.

---

4) L. Schottroff, "Nonviolence and the Love of One's Enemies," In *Essays on the Love Commandment*, ed. L. Schottroff et al., tr. R. H. and I. Fuller (Philadelphia: Fortress, 1978), pp. 9-39; W. C. van Unnik, "Die Motivierung der Feindesliebe in Lukas vi 32-35," *NovT* 8 (1966), pp. 284-300.

5) 시각적이고 문학적인 헬라 문화와는 달리, 구전을 중심으로 한 청각문화가 우세하였던 팔레스타인에서 랍비들은 어떤 한 교훈을 가르칠 때 그 가르침을 최소한 네 번 반복하는 것으로 알려져 있다. 비르거 게할드슨, 배용덕 역, 『복음서 전승의 기원』, 도서출판 솔로몬(1993), p. 100.

복음서 저자의 해석에는 크게 두 종류의 방법이 동원된다고 보인다.6) 첫째는 자료의 배열을 통하여 자신의 강조점을 부각시키는 방법이다. 예를 들면, 마가(마태)복음에서는 첫 번째 어부 제자들의 부름 장면(막 1.16-20) 다음에 시몬의 장모 치유 사건(막 1.29-31)이 등장하는데, 누가복음에서는 오히려 시몬의 장모 치유 사건이 먼저 나오고(눅 4.38-39) 그 후 첫 번째 어부 제자들 부름 사건(눅 5.1-11)이 소개되고 있다.7) 누가가 마가, 마태복음과 다르게 사건의 순서를 뒤바꾼 것에 대하여, 일반적으로 누가복음 5장 11절의 "모든 것"(πάντα)을 강조함으로써 주님을 따르고자 하는 제자들에게 헌신의 철저함을 주지시키기 위함이라고 설명되어지고 있다: **"저희가 배들을 육지에 대고 모든 것을 버려두고 예수를 좇으니라"**(καὶ καταγαγόντες τὰ πλοῖα ἐπὶ τὴν γῆν ἀφέντες πάντα ἠκολούθησαν αὐτῷ.) 8) 그 이유는 마가, 마태복음에서 제자들은 예수님으

---

6) 물론 이 두 가지 방법은 본 논문의 성격상 많은 가능한 다른 방법들을 단순화시켜 축소시킨 것이다.

7) 모리스는 마가복음과 누가복음에 기록된 제자 소명 사건이 누가복음에 기록되어 있는 어획(漁獲) 사건 때문에 다른 사건일 가능성이 높다고 주장하는데(Leon Morris, *Luke* (Tyndale New Testament Commentaries; Leicester: IVP, 1986), p. 112), 이런 주장은 주님이 동일한 제자를 두 번 불렀다는 황당한 결과를 낳고 만다.

한편, 크리드는 두 기사 사이의 유사점과 차이점을 동시에 고려할 때 아마도 누가가 여기서 마가복음의 기사에다가 베드로의 역할이 부각되어 나타나는 다른 전승을 연계하였을 가능성이 있었을 것으로 추정한다(J. M. Creed, *The Gospel according to St. Luke* (London: Macmillan, 1950) p. 74).

8) 여기서 누가의 πάντα 사용을 Pilgrim은 "온전한 부르심"(the totality of the call)을 강조하기 위함이었다고 말하며(W. E. Pilgrim, *Good News to the Poor: Wealth and Poverty in Luke-Acts* (Minneapolis: Augsburg, 1981), p. 87), Bovon은 이 구절과 다른 구절들, 즉 9.62, 12.33, 14.16, 33을 취합한 후 이러한 포기의 절대성을 "누가적 급진주의"(lukanischen Radikalismus)라고 명명한다(F. Bovon, *Das Evangelium nach Lukas (Lk. 1-1-9.50)*, (EKKNT, 3.1; Zürich: Benziger Verlag, 1989), p. 235). 그리고 Evans는 πάντα 포기를 "제자도 대가의 일반화"(a generalization of the cost of discipleship)라고 부르고 있다(Evans, *Saint Luke*, 292). Cf. Morris, *Luke*, 114; B. H. P. Thompson, *The Gospel according to Luke* (New Clarendon Bible; Oxford: Clarendon Press, 1979), p. 98; T. E. Schmidt, *Hostility to Wealth in the Synoptic Gospels* (JSNTSup, 15; Sheffield: JSOT Press, 1987), p. 140. 한편, 누가는 14장 33절에서도 πάντα를 사용하면서

로부터 부름 받은 이후에도 여전히 장모丈母를 돌보아야 하는 것으로 묘사되어 있는데, 이는 비단 장모만이 아니라 가족 전체를 부양해야 하는 의무를 가리키는 포괄적 개념으로 이해될 수 있기 때문이다. 즉 어부 제자들은 아직 모든 것을 포기한 상태가 아닌 것이었던 것이다. 반면에 누가복음에서는 제자들이 부름 받기 이전에 이미 시몬의 장모가 치유된 것으로 묘사되어 있는 까닭에 제자들은 주님의 부름을 받을 때 모든 것을 포기한 채 따를 수 있었던 것이다. 이로써 누가는 최초 제자들의 소명召命 사건을 통하여 장차 그리스도의 제자가 되고자 하는 이들에게 철저한 헌신이 제자 됨의 요건임을 지적하고자 하였다고 말할 수 있을 것이다. 이처럼 사건 배열에 변화를 줌으로써 복음서 저자들은 자신들의 신학적 의도에 적합하게 복음서 사건을 해석하는 것이다.

둘째는 주님의 말씀을 본래의 의미를 유지한 채 복음서의 배경 및 수신인이 되는 공동체 구성원의 삶의 자리를 고려하여 적절한 설명을 추가하거나 혹은 삭제하는 것이다.

"유월절 양을 잡을 무교절일이 이른지라"(눅 22.7)

"무교절의 첫 날 곧 유월절 양 잡는 날에 …"(막 14.12)

"무교절의 첫 날에 제자들이 예수께 나아와서 가로되 유월절 잡수실 것을 우리가 어디서 예비하기를 원하시나이까"(마 26.17)

제자도의 조건으로서 재물과 소유의 전적인 포기를 강조하고 있다. 이렇게 볼 때, πάντα는 누가신학의 한 특징을 밝혀주는 지시어와도 같이 작용하고 있다고 보인다(A. Plummer, *St. Luke*, (ICC; Edinburgh: T & T Clark, 1922), p. 147). 이런 맥락에서 볼 때, πάντα가 아니라 사람을 낚으라는 선교명령이 강조되었다고 주장하는 Marshall의 견해나(I. Howard Marshall, *Commentary on Luke* (NIGTC; Exeter: Paternoster, 1989), p. 206), 이것을 실제적으로 보기보다는 단지 우선순위의 문제로 간주하는 Ellis의 견해는 누가신학의 특징을 놓치고 있는 것으로 보인다(Ellis, *Luke*, 103).
이에 대한 좀 더 자세한 설명에 대하여는 졸저, "누가신학의 제자도의 조건", 『누가신학』, (서울: UCN, 2005), pp. 57-80를 참고할 것.

무교절을 설명하는 가운데 마가복음과 누가복음에는 그 날에 대한 설명이 덧붙여져 있는데, 마태복음에는 생략되어 있다. 그 이유는, 마태복음의 독자들의 주류가 유대인들인 까닭에 무교절 첫 날 유월절 양 잡는 관습을 익히 알고 있었기 때문이다. 그러나 그 배경이 주로 이방인인 마가와 누가복음에서는 생소한 유대인의 관습에 대한 설명이 추가로 덧붙여진 것이다.9)

이와 유사한 증거 중 세 가지를 더 제시하면 다음과 같다.

첫째는 안식일 전 날이라는 예비일에 대한 묘사이다.

> **"그 이튿날은 예비일 다음 날이라 대제사장들과 바리새인들이 함께 빌라도에게 모여 가로되"** (마 27.62)
> **"이 날은 예비일 곧 안식일 전날이므로 저물었을 때에"** (막 15.42)
> **"이 날은 예비일이요 안식일이 거의 되었더라"** (눅 23.54)

여기서 마가와 누가는 자신들의 이방인 독자들을 위하여 마태복음에는 없는 '안식일 전 날'(마가), '안식일 거의 되었더라'(누가)는 설명을 덧붙이고 있다.

둘째로, 결례潔禮에 대한 설명이다(막 7.2-4; 마 15.1-2).

> **"바리새인들과 또 서기관 중 몇이 예루살렘에서 와서 예수께 모였다가 그의 제자 중 몇 사람의 부정한 손 곧 씻지 아니한 손으로 떡 먹는 것을 보았더라 ,바리새인들과 모든 유대인들이 장로들의 유전을 지키어 손을 부지런히 씻지 않으면 먹지 아니하며 또 시장에서 돌아 와서는 물을 뿌리지 않으면 먹지 아니하며 그 외에도 여러가지를 지키어 오는 것이 있으니**

---

9) 로버트 헐버, 김영봉 역, 『이해를 위한 신약성서 연구』, (서울: 컨콜디아사, 1991), p. 60.

잔과 주발과 놋그릇을 씻음이러라." (막 7.1-4)

예수님의 제자들이 손 씻지 않고 음식을 먹는 것을 보고 바리새인과 서기관들이 비판할 때 사용된 본문인데, 마가는 역시 마태복음에는 없는 결례에 관한 유대인 장로들의 유전(遺傳)을 설명하고 있다. 이 경우 괄호 속의 설명은 이방인 독자를 위한 저자 마가의 배려인 것이며, 이를 생략한 마태복음의 경우 그러한 전통적 관습에 익숙한 유대인을 대상으로 하였기에 생략된 것이다.10)

셋째로, 위의 구절과 동일한 문맥에서 마태는 마가복음의 구절 중 유대인의 정서에 반反하는 중요한 한 구절을 생략한다(마 15.1-20). 그것은 마가복음 7장 19절이다; "이는 마음에 들어가지 아니하고 배에 들어가 뒤로 나감이니라 하심으로 모든 식물을 깨끗하다(καθαρίζων πάντα τὰ βρώματα) 하셨느니라." 왜냐하면 그것이 율법(음식법, kosher)의 폐지를 정당화시킬 수 있는 가능성이 있기 때문이었을 것이다.11) 이와 같이, 같은 이야기를 소개하면서도 복음서 저자들은 청중 및 독자의 상황을 충분히 감안하여 여기에 적절한 설명을 삽입하기도 하고 혹은 생략하기도 하였다.

이 두 가지 답변 중 어느 하나만이 옳다고 단정 지을 수는 없을 것이다. 같으면서도 다른 복음서의 다양성의 견지에서 두 번째 답변을 참작하게 되면, 다른 전승의 사용보다는 오히려 복음서 저자의 해석이 좀 더 가능성 있는 제안으로 보인다. 그러나 우리는 양자택일의 대립보다는

---

10) Daniel J. Harrington, S. J., *The Gospel of Matthew* (Sacra Pagina Series 1; Collegeville: Liturgical Press, 229: "He(Matthew) also omits that Mark's explanation of Jewish customs in Mark 7:3-4, presumably because his readers know about them and perhaps because he took exception to Mark's comment that all Jew did these things."

11) Harrington, *Matthew*, 231: "Matthew resisted this radical conclusion and omitted Mark's parenthetical comment." Cf. Douglas R. A. Hare, *Mark* (Westminster Bible Companion; Louisville: Westminster John Knox Press, 1996), pp. 83-84.

두 가능성을 포용하는 조화의 방식이 바람직한 방향이 아닐까 생각된다. 이럴 경우 복음서 저자들은 그들에게 이용 가능한 두 개의 전승 중 자신의 목적 및 의도에 적합한 전승을 선택하여 활용하였을 것으로 이해된다.

그러나 이 경우에도, 여전히 남는 의문은 왜 두 복음서 저자들은 같은 전승이 아닌 다른 전승을 사용하였느냐 하는 점이다. 다른 전승은 전혀 몰랐다고 말하면 끝날 수 있을까? 혹은 그들이 사용하고 있는 오직 그 전승만을 알았다고 하면 문제는 해결될 수 있을까? 이에 대하여 우리는 누가복음의 서문序文을 읽게 될 때 이것이 현명한 대답이 될 수 없음을 깨닫게 될 것이다.

"우리 중에 이루어진 사실에 대하여 처음부터 말씀의 목격자 되고 일군 된 자들의 전하여 준 그대로 내력을 저술하려고 붓을 든 사람이 많은지라 그 모든 일을 근원부터 자세히 미루어 살핀 나도 데오빌로 각하에게 차례 대로 써 보내는 것이 좋은 줄 알았노니 이는 각하로 그 배운 바의 확실함을 알게 하려 함이로라" (눅 1.1-4)

누가의 이 표현에 따른다면, 그가 복음서를 쓸 때 복음서와 유사한 종류의 글들을 포함하여 많은 〈예수 전승〉들이 이미 존재하고 있었고,[12] 또 누가가 그런 전승에 접근할 수 있었다고 충분히 추정할 수 있는 것으로 보인다.[13] 그렇다면 누가가 마태복음의 그 전승을 몰라서 사용하지

---

12) 행 20.35; 고전 7.10; 11.23-26; 15.3-4. Cf. C. F. Evans, *Saint Luke* (TPI New Testament Commentaries; London: SCM, 1990), pp. 122-3.

13) F. W. Danker, *Jesus and the New Age* (St Louis: Clayton Publishing House, 1974), 23; "Scholars are almost unanimous in their agreement that Mark and some form of a document consisting especially of sayings, known as Q, were among the sources used by Luke in the composition of his Gospel." Cf. Stein, *Luke*, 63. Fitzmyer, *The Gospel according to Luke I-IX*, pp. 291-292.

않은 것이 아니라, 알고 있음에도 불구하고 사용하지 않았다고 이해하는 편이 더 옳은 것으로 보인다. 이것은 역으로 마태의 경우도 마찬가지일 것이다. 즉 누가복음의 전승을 몰라서가 아니라 알고 있음에도 불구하고 활용하지 않았다는 것이다.

이제 우리는 여기서 그 이유를 물어야 할 차례이다. 왜 누가는 마태의 전승과는 다른 전승을 사용하였을까? 그 이유는 앞서 잠시 언급한 공관복음의 다양성에서 찾을 수 있을 것이다. 즉 같은 내용이라도 각기 그 공동체의 사회적 상황, 문제, 대상에 따라 다르게 해석하여 기술하였다면, 여기서도 누가는 마태공동체와는 다른 배경으로 인하여 〈속옷 → 겉옷 전승〉보다는 〈겉옷 → 속옷 전승〉을 택하게 되었을 것으로 풀이된다.[14] 여기서 우리는 지면의 제약으로 인해 누가공동체의 모든 것을 일일이 다 열거할 수는 없지만, 한 가지 분명한 것은 누가복음의 배경이 되는 교회 혹은 신앙공동체는 마태복음의 공동체와는 달리 유대인 중심이 아니라 헬라인이 중심이 되고 있는 지역에 위치하였다는 사실이다.[15]

그렇다면 누가공동체의 주 구성원들은 헬라인인데, 그리스-로마 문화에 익숙한 그들에게는 겉옷보다는 속옷이 더 중요하였다. 반면에 유대인이 주류를 이루었던 마태공동체의 경우 중동 지역 특유의 광야 및 사막 기후에 익숙한 그들에게는 속옷보다는 겉옷이 더욱 중요하였다. 특히 온도의 일교차가 심한 사막 지방에서는 속옷보다는 겉옷이 한 낮의 뜨거운 열기를 피하고 한 밤의 추위를 이길 수 있는 좋은 수단이 되었기 때문이었을 것이다. 그렇다면 당연히 마태공동체의 경우는 속옷보다는 겉옷

---

14) Danker, *Jesus and the New Age*, p. 145.

15) 헐버, 『이해를 위한 신약성서 연구』, pp. 23-25. 자세한 장소 및 위치에 대하여는 많은 논의가 있기는 하나, 일반적으로 가장 높은 가능성으로 지목되고 있는 곳은 수리아 안디옥으로 알려져 있다; Kyoung-Jin Kim, *Stewardship and Almsgiving in Luke's Theology* (Sheffield: Academic Press, 1998); 한역, 『누가신학의 제자도와 청지기도』, (도서출판 솔로몬, 1997), pp. 69-71; cf. E. E. Ellis, *The Gospel of Luke* (Century Bible; London: Nelson, 1966), p. 54; E. Schweizer, *The Good News according to Luke* (London: SPCK, 1984), p. 6.

이 더 중요하게 간주되었고, 반면 누가공동체의 경우는 겉옷보다는 속옷이 더 중요하게 취급되었을 것이다. 이런 상이한 상황에서 복음서 저자들은 상대적으로 덜 중요한 것을 요구하는 이에게 더 중요한 것을 기꺼이 주라는 취지의, 주님께서 본래 말씀하고자 하였던 의도를 제대로 전달하기 위하여, 그 복음서를 받아 읽거나 듣게 될 독자 및 청중의 문화적 상황에 적합한 전승을 사용하게 되었던 것이다. 요컨대, 사막 기후로 인해 겉옷이 중요한 배경을 가진 마태복음의 경우는 〈속옷-겉옷 전승〉을, 그와는 달리 그리스-로마 문화의 배경을 가진 누가복음의 경우는 〈겉옷-속옷 전승〉을 사용하게 되었던 것이다.

여기서 우리는 동일한 주님의 메시지를 전달하되, 두 복음서 저자가 각기 다른 방법으로 제시하는 것을 보게 되는데, 그 이유는 메시지를 보다 효과적으로 전달하기 위해서는 복음서를 받는 청중 및 독자의 사회, 문화적 상황을 충분히 고려하여 그에 적절한 표현을 사용하기 때문이다. 만일 유대적 정서에 젖어있는 마태복음의 청중들에게 〈겉옷-속옷 전승〉은 그리 설득적이지 못하였을 것이고, 반면에 그리스-로마 문화적 정서에 심취해 있는 누가복음의 청중들에게 〈속옷-겉옷 전승〉 역시 유효하지 못했을 것이다. 이처럼 진리는 소개 받는 사람들의 상황이 충분히 고려될 때에 보다 효과적으로 전달될 수 있는 것이다.

(2) 회칠한 무덤과 평토장한 무덤

공관복음의 다양성을 보여주는 또 다른 예로써 우리는 무덤에 대한 상이한 표현에 주목하고자 한다.

> "화 있을찐저 외식하는 서기관들과 바리새인들이여 회칠한 무덤 같으니 겉으로는 아름답게 보이나 그 안에는 죽은 사람의 뼈와 모든 더러운 것이 가득하도다"(마 23:27)

Οὐαὶ ὑμῖν, γραμματεῖς καὶ Φαρισαῖοι ὑποκριταί, ὅτι παρομοιάζετε τάφοις κεκό νιαμένοις, οἵτινες ἔξωθεν μὲν φαίνονται ὡραῖοι, ἔσωθεν δὲ γέμουσιν ὀστέων νεκρῶν καὶ πάσης ἀκαθαρσίας.

"화 있을찐저 너희여 너희는 평토장한 무덤 같아서 그 위를 밟는 사람이 알지 못하느니라" (눅 11:44)

Οὐαὶ ὑμῖν, ὅτι ἐστὲ ὡς τὰ μνημεῖα τὰ ἄδηλα, καὶ οἱ ἄνθρωποι [οἱ] περὶ πατοῦντες ἐπάνω οὐκ οἴδασιν.

서기관들과 바리새인들의 위선을 비판하는 부분에서 마태복음과 누가복음은 공히 공동전승을 사용하되,16) 마태가 좀 더 강하게 이를 강조하고 있다. 누가는 네 개의 화(禍)를 기록하고 있으나 마태는 여기에 세 개의 또 다른 화(禍)를 추가하여 모두 일곱 개의 화를 기록하는데, 일곱은 완전 수로서 특히 마태가 즐겨 사용하는 숫자이기도 하다.

그런데 그들을 무덤에 비유하여 비판하되 마태는 *회칠한 무덤*(τάφοις κεκονιαμένοις)이라 표현하고 있고, 반면에 누가는 *평토장한 무덤*(τὰ μνημεῖα τὰ ἄδηλα)이라고 기술하고 있다. 과연 그 차이는 어디에서 비롯된 것일까?17)

---

16) 여기서 말하는 공동전승이란 학문적 용어로 <Q>라고 하는 자료를 가리킨다. 그러나 필자는 이 Q 자료가 마가복음에는 없고, 마태와 누가복음에 공통적으로 기록되어 있는 어록 자료로서 언급하는 것이지, 별도의 문서로서 인정하는 것은 아니다. 이런 필자의 입장은 미국 웨스트민스터 신학교 신약학 교수였던 Ned B. Stonehouse의 주장과 일치하는 것이다(*Origins of the Synoptic Gospels* (Grand Rapids: Baker, 1979), p. 145; cf. Robert Stein, *The Synoptic Problem* (Leicester: IVP, 1988), pp. 89-112; Graham Stanton, *Gospel Truth* (Valley Forge: Trinity, 1995), pp. 63-76; 랄프 마틴, 『신약의 초석』(서울: 크리스챤다이제스트, 1997), pp. 177-206; 도날드 거스리,『신약서론』(서울: 크리스챤다이제스트, 1992), pp. 109-174; 룩 존슨, 『최신 신약개론』 (서울: 크리스챤다이제스트, 1997), p. 198; 돈 카슨, 더글라스 무, 레온 모리스, 『신약개론』 (서울: 도서출판 은성, 1994), p. 30, p. 32.

17) 앞에서 잠시 언급하였듯이, 두 복음서 저자 중 하나가 본래의 것을 달리 바꿔 쓴 것이 아니라

그 차이는 앞서 언급한 각 복음서의 배경이 되는 공동체의 상황과 역시 맞물려 있다. 유대적 정서가 지배적인 마태공동체의 경우 종교적 결례를 대단히 중시하는 유대인들의 정서에 맞게 회칠한 무덤이 사용되었으나,[18] 그와는 무관한 헬라인 중심의 누가공동체의 경우는 그리스–로마 문화에 걸맞게 평토장한 무덤이 사용되었다.[19] 다시 말하면, 동일한 교훈을 전달함에 있어서도 그 청중 및 독자에게 적절한 표현을 사용함으로써 전달하고자 하는 메시지를 효과적으로 제시하고 있는 것이다. 여기서 우리는 복음서 저자들이 복음의 진리를 소개함에 있어서 저술하는 입장에서가 아니라 오히려 제시받는 사람들의 입장에서 그들의 정서 및 문화에 적합한 표현을 선택하여 사용하는 것을 보게 된다.

이상의 내용을 종합할 때, 이런 진리를 선교적 상황에 접목시킨다면, 오늘날 우리도 복음을 전함에 있어서, 피선교지의 사회, 문화적 상황(Context)을 충분히 고려하고 참작하여, 가능한 그들이 복음을 올바르게 이해하고 수용하기 쉽도록 적절한 조치를 취함이 옳다고 판단된다.

별개의 전승을 사용하였을 것으로 봄이 옳을 것이다.

18) 유대인들은 죽은 사람의 시체나 뼈를 부지중에 접촉하게 되면 부정하게 되어 제사나 예배에 참석할 수 없으므로, 이를 방지하기 위해 무덤에 회를 칠하여 표시하게 된 것이다.

19) "Luke, on the other hand, writes for Greco-Roman publics who would be familiar with landscape dotted by tombs": Frederick W. Danker, *Jesus and the New Age* (Philadelphia: Fortress, 1988), p. 241.
한편 핏츠마이어는 여기서 누가가 마태의 '회칠한 무덤' 대신 '평토장한 무덤'을 사용한 것은 유대인의 관습인 '회칠'을 회피하고자 하는 의도적인 변화였다고 주장한다(Joseph A. Fitzmyer, *The Gospel according to Luke, X-XXIV* (Anchor Bible, 28A; New York: Doubleday, 1985), p. 949; Robert H. Stein, *Luke* (The New American Commentary; Nashville, TN: Broadman, 1992), p. 341.

03 사도 바울의 가르침

(1) 할례 문제

"유대인들에게는 내가 유대인과 같이 된 것은 유대인들을 얻고자 함이요 … 율법 없는 자에게는 … 도리어 그리스도의 율법 아래 있는 자나 율법 없는 자와 같이 된 것은 율법 없는 자들을 얻고자 함이라" (고전 9.20-21; 고전 9.19-23 전체 문맥을 고려할 것.)

고린도에 있는 이방인들에게 보낸 편지에서 사도 바울은 자신의 목회 철학을 소상하게 밝히고 있다. 그것은 한 마디로, 고린도전서 9장 19절에서 그가 고백한 것처럼, '모든 사람에게 모든 사람처럼' 된 것이다: "내가 모든 사람에게 자유하였으나 스스로 모든 사람에게 종이 된 것은 더 많은 사람을 얻고자 함이라" 사도 바울의 이 고백은 복음 진리의 핵심은 굳게 부여잡되, 그것을 제시하는 방법에 있어서는 얼마든지 자유할 수 있다는 융통성을 시사해 주는 것이다.

이러한 그의 목회 철학을 입증해 줄만한 사건의 하나로서 그의 제자들인 디모데와 디도의 할례 문제를 거론할 수 있을 것이다. 갈라디아서 2장 3절에 따르면 사도 바울은 헬라인 디도에게 억지로 할례를 받게 하지 않았다. 갈라디아서에서 이것은 유대 율법주의자들의 유혹에 넘어가, 사도 바울이 전파한 믿음으로 구원 얻는다는 복음 진리(이신칭의)에 역행하여 다시금 할례 및 절기를 지키려 하는 이방 그리스도인들에게 적절한 예증이 되었다.[20]

---

20) John Ziesler, *The Epistle to the Galatians* (Epworth Commentaries; London: Epworth, 1992), pp. 12-17; cf. J. Ziesler, *Pauline Christianity* (Oxford Bible Series; Oxford: University Press, 1992), p. 71.

그런데 사도행전 16장 3절에 의하면, 사도 바울이 그 제자 디모데에게 할례를 행하였음을 보게 된다. 갈라디아서에서 할례는 복음의 진리를 따라 사는 사람들의 표지가 아니었고, 그리하여 디도에게 할례를 베풀지 않았건만, 비록 유대인 어머니 유니게로 인해 반 유대인이기는 하였지만, 혼혈 혼인의 후예로서 이방인으로 간주될 수 있는 디모데에게 할례를 행한 것은 놀라운 변화가 아닐 수 없다. 그런데 그렇게 행한 배경에 대하여, 누가는 "그 지경에 사는 유대인을 인하여"(행 16.3)이라는 단서를 밝히고 있다. 사실 유대인-이방인 사이의 혼합 혼인은 유대적 관습에 따르면 허용되지 않는 것이나, 어쩔 수 없이 발생한 경우 그 사이에 태어난 아이들은 모세의 율법에 따라 유대인으로 간주되어 할례를 받게끔 되어 있었다.[21] 사실 사도 바울은 갈라디아서에 그 자신이 밝힌 복음 진리의 원칙에 따라 얼마든지 디모데에게 할례를 행하지 않을 수도 있었으나, 디모데가 장차 위하여 사역할 유대인들의 정서를 감안하여 흔연하게 할례를 베풀었던 것이다.[22] 이를 가리켜 크로델은 "선교전략적 차원"for Paul's mission strategy에서 시행된 행위라고 설명하고 있다.[23] 여기서 우리는 다시금 사도 바울이 고린도전서 9장 20-21절에서 언명한 그의 목회 철학을 재확인하게 된다.

---

21) Mishna Qiddushin 3:12; John B. Polhill, *Acts* (The New American Commentary; Nashville: Broadman Press, 2001), p. 343; Johannes Munck, *The Acts of the Apostles* (The Anchor Bible 31; New York: Doubleday, 1981), p. 41. 그런데 불구하고 디모데가 그 때까지 할례를 받지 않은 것은 아마도 루스드라 지역에 회당이 있다는 정보가 없음을 고려할 때 그 어머니 유니게가 유대교 신앙을 따라 살지 않았던 것으로도 보인다(Marshall, *Acts*, pp. 259-260).

22) "Paul even demands that Timothy be circumcised so as not to offend Jewish-Christian sensibilities." (W. H. Willimon, *Acts* (Interpretation Commentary; Atlanta: John Knox, 1988), p. 133; 김경진, 『사도행전』, p. 340. Cf. P. W. Walaskay, *Acts* (Westminster Bible Companion; Louisville: Westminster John Knox Press, 1998), p. 153.

23) Krodel, *Acts*, p. 298. Cf. Luke Timothy Johnson, *The Acts of the Apostles* (Sacra Pagina Series 5; Collegeville: Liturgical Press, 1992), p. 284.

(2) 종말론 가르침

종말론에 있어서 신약성경은 "이미 그러나 아직" already, not yet이라는 일관성을 보여주고 있는데, 이는 예수님과 바울 사이에 연속성의 한 요소이기도 하다.24) 그러나 바울은 이러한 종말론 사상을 모든 교회에 동일하게 적용하는 것이 아니라 각 교회의 형편 및 조건에 따라 강조점을 달리함으로써 적절한 균형을 맞추는 것을 보게 된다. 이 역시 동일한 원리를 지교회가 처한 사회-문화적 상황에 따라 각기 다르게 적용하는 원칙에 따른 것이다.25) 이 점에 관한 증거를 우리는 갈라디아 교회와 고린도 교회에서 발견할 수 있다.

주지하는 대로, 갈라디아 교회는 바울의 제1차 선교여행 시에 설립된 교회로서, 그의 이신칭의 복음을 수용하여 믿음 생활을 잘 영위하였으나, 후에 유입된 유대 율법주의자들의 간교한 술책에 설득되어 할례, 음식, 절기 준수와 같은 율법의 행위를 준수하려는 유혹에 빠져들게 되었다. 그들은 그러한 율법의 행위가 갈라디아인들의 구원을 완성시키는 것이라고 주장함으로써 십자가를 믿는 신앙을 상대화시키며 무력화시키고 말았던 것이다. 이로 인해 바울은 베드로가 이방 그리스도인들과 함께 식사하다가 유대 율법주의자들을 두려워한 나머지 실수하게 된 안디옥 사건을 예로 들면서 그들의 부적절한 행동을 지적하며, 십자가로 인해 완성된 구원에 들어가기 위하여 오직 믿음 외에 다른 어떠한 행위나 조건이 불필요함을 강력하게 주장하였다.26)

---

24) Geerhardus Vos, *Biblical Theology; Old and New Testaments* (Grand Rapids: Eerdmans, 1977), pp. 381-5; David Wenham, *Paul, Follower of Jesus or Founder of Christianity?* (Grand Rapids: Eerdmans, 1995), pp. 47-48, pp. 69-70.; Gordon D. Fee, *The First Epistle to the Corinthians* (Grand Rapids: Eerdmans, 1987), p. 459.; C. K. Barrett, *Paul; An Introduction to His Thought* (London: Geoffery Chapman, 1994), pp. 49-50.

25) 버히, 『신약성경 윤리』, p. 227.

26) "The common ground between Paul and other Jewish Christian is the recognition that the outward signs of being a Jew (circumcision, foods laws, festivals) do not justify one before God. Justification comes from, and is based upon, the faith in Jesus Christ manifested upon

이를 달리 표현하면, 율법을 준수해야만 구원을 얻을 수 있다는 유대 율법주의자들의 주장에 동조하는 것은 종말론의 "아직"적 측면에 매여 있는 것으로써 여전히 완성될 종말론을 기대하는 것이다. 그렇다면 결국 주님의 강림 및 십자가 사건으로 말미암아 이미 시작된 하나님의 나라를 여전히 기다리는 것이 되고 마는 까닭에, 바울은 갈라디아 그리스도인들에게 종말론의 "이미"적 측면을 다시 한 번 강조한다: "······너희가 성령을 받은 것이 율법의 행위로냐 혹은 듣고 믿음으로냐, 너희가 이같이 어리석으냐 성령으로 시작하였다가 이제는 육체로 마치겠느냐." (갈 3:2-3)[27]

한편, 고린도 교회의 사정은 갈라디아 교회와는 정반대로 보인다. 고린도의 그리스도인들은 그들 가운데 풍성하게 나타나고 있는 성령의 역사로 인하여, 그들 가운데 하나님의 나라가 "이미" 임한 것으로 생각했다.[28] 그리하여 그들은 이미 시작된 종말론을 그들 나름대로 수용하였는데, 그 결과는 각자의 견해에 따라 상반되는 현상으로 나타나게 되었다. 어떤 이들은 이미 하나님의 나라가 그들 가운데 임하였으므로 '초등교사'인 율법이 더 이상 그들을 지배할 수 없으므로 이제는 무슨 죄를 지어도 무방하다는 반율법주의 혹은 도덕률 폐기론 방향으로 치우친 행동을 나타내 보였다. 그리하여 그들은 근친상간의 죄를 범한 동료 그리스도인을 치리하기보다는 오히려 용납하는 무분별함을 드러내 보였다 (고전 5:1-3).[29] 그러나 다른 한 편에서는 이미 하나님의 나라가 임하였

---

the cross." (Frank J. Matera, *Galatians* (Sacra Pagina Series 9; Collegeville: Liturgical Press, 1992), pp. 101-2; Ronald Y. K. Fung, *The Epistles to the Galatians* (NICNT; Grand Rapids: Eerdmans, 1986), pp. 104-111.

27) Fung, *The Epistles to the Galatians*, p. 134; Matera, *Galatians*, p. 113, pp. 115-6 "The present tense (Gal 3:5) indicates that the granting of the Spirit is an ongoing experience in the life of the community." (113)

28) Barrett, *Paul*, p. 136: "The Spirit, as the earnest of the age to come, enables the believer to live, in this age, the life of the age to come." 고린도 인들은 바로 이러한 관점에서 그들 가운데 임한 성령의 역사로 말미암아 종말이 이미 그들 가운데 시작된 것으로 믿었던 것이다.

으므로 부부 사이에서도 더 이상 성적 관계를 가져서는 안 된다는 금욕주의적 경향을 나타내 보이기도 하였다(고전 7:1 이하).30) 이러한 고린도 교회의 잘못된 행동에 대하여 바울은 그들이 아직 부활을 기다려야 한다는 사실을 설득함으로써 종말론의 "아직"적 측면을 강조하였다(고전 15장).

사도 바울이 설립한 두 교회에서 종말론이 각기 다르게 해석됨으로써 혼란에 빠지게 되자 그는 "이미와 아직"이라는 동일한 종말론 원리를 각 공동체 마다 그 처한 상황에 따라 각기 다르게 적용하면서 각 공동체의 문제를 시정하였던 것이다. 이러한 바울의 처방은 곧 복음의 본질을 준수하되 각 공동체의 사회-문화적 상황에 따라 적절하게 적용하는 공관복음의 원리에 대한 확인으로 볼 수 있을 것이다.

04 정리 및 적용

복음서가 그 배경이 되는 공동체에 적합한 전승을 활용하여 주님의 교훈을 바르게 전달하였다면, 이것은 오늘날 선교 상황에서도 그대로 적용 가능한 대목일 수 있다. 각 복음서 저자들이 복음서의 대상이 되는 공동체 구성원들의 사회, 문화적 상황 및 형편을 고려하여, 각기 다른 전승을 사용함으로써 주님 말씀의 본래의 취지를 전달하고자 하였던 사실은, 오늘날 선교 상황에서도 선교의 대상이 되는 나라나 민족의 사회, 문화적 상황을 무시할 것이 아니라, 복음 본래의 정신이나 의미를 변질시키지 않은 채 오히려 그것을 적절히 참작하여 그들이 저항 없이 받아들일 수 있는 여건을 조성하는 것이 절실하다고 판단된다. 사도 바울의 가르

---

29) Fee, *Corinthians*, p. 201.

30) Fee, *Corinthians*, p. 269: "As those who are "spiritual" they are above the merely earthly existence of others; marriage belongs to this age that is passing away."

침 역시 같은 맥락으로 보인다. 복음의 진리는 굳게 파수한 채 그 적용에 있어서는 융통성을 갖되, 복음 선교의 대상자들의 형편 및 정황을 충분히 고려하여 접근하였던 것이다.

대개의 경우 선교사들은 피선교지에 해당되는 아프리카나 아시아 지역의 사람들보다는 우수한 문화권에서 살다온 사람들이다. 서구의 경우 선교사들은 다분히 기독교적 정서 속에서 성장한 사람들이 대부분일 것이다. 그들에게는 자칫 자신들보다 열등한 문명 및 문화에 사는 피선교지 사람들에게 밖으로 드러내지는 않지만 우월감을 가질 수 있고, 그것은 피선교지 문화에 대한 멸시로 나타날 가능성이 적지 않다. 그럴 경우 선교는 매우 부정적이 되고 말 것이다.

따라서 그 성격상 미신적이거나 이교적이 아닌 한, 피선교지의 문화를 일방적으로 멸시하거나 경시하는 것은 결코 성경적인 태도가 아니다. 주님의 말씀을 기록하였던 복음서 저자들이 자신의 공동체에 적합한 말씀을 전하기 위해 그에 합당한 전승을 선택하여 기록하였다는 사실은, 오늘날 선교사들이 피선교지의 사회, 문화적 상황에 대한 올바른 이해의 토대 위에 적절한 취사선택의 과정을 거쳐 복음 진리에 근본적으로 배치되지 않는 한 그것을 수용하게 되었을 때, 보다 효과적인 선교의 목적을 이룰 수 있을 것으로 생각된다.

■참고문헌

김경진, 『누가신학의 제자도와 청지기도』, 서울:도서출판 솔로몬, 1997.

_____, 『누가신학』, 서울:UCN, 2005.

_____, 『성서주석 사도행전』, 서울:대한기독교서회, 1999.

_____, 『공관복음서 연구』, 서울:도서출판 경건, 2004.

거스리, 도날드, 『신약서론』, 서울:크리스챤다이제스트, 1992.

게할드슨, 비르거 저, 배용덕 역, 『복음서 전승의 기원』, 서울:도서출판 솔로몬, 1993.

밴더 러트, 허브 저, 황창선 역, 『성경 안의 모순 이해』, 서울:나눔사, 1993.

버히, 알렌 저, 김경진 역, 『신약성경 윤리』, 서울:도서출판 솔로몬, 1997.

마틴, 랄프 저, 『신약의 초석』, 서울:크리스챤다이제스트, 1997.

존슨, 룩 저, 『최신 신약개론』, 서울:크리스챤다이제스트, 1997.

카슨, 돈 외 저, 『신약개론』, 서울:도서출판 은성, 1994.

헐버, 로버트 저, 김영봉 역, 『이해를 위한 신약성서 연구』, 서울:컨콜디아사, 1991.

『목회와 신학』 146 (2001/8): 46-135; 특집 "복음서 간의 차이, 어떻게 볼 것인가?"

Barrett, C. K. *Paul; An Introduction to His Thought.* London: Geoffrey Chapman, 1994.

Bovon, F. *Das Evangelium nach Lukas* (Lk. 1-1-9.50). EKKNT, 3.1; Zürich: Benziger Verlag, 1989.

Bruce, F. F. *The Book of the Acts.* NICNT; Grand Rapids: Eerdmans, 1988.

Creed, J. M. *The Gospel according to St. Luke.* London: Macmillan, 1950.

Danker, F. W. *Jesus and the New Age.* St Louis: Clayton Publishing House, 1974.

Ellis, E. E. *The Gospel of Luke.* Century Bible; London: Nelson, 1966.

Evans, C. F. *Saint Luke.* TPI New Testament Commentaries; London: SCM, 1990.

Fee, Gordon D. *The First Epistle to the Corinthians.* Grand Rapids: Eerdmans, 1987.

Fitzmyer, Joseph A. *The Gospel according to Luke*, X-XXIV. Anchor Bible, 28A; New York: Doubleday, 1985.

Fung, Ronald Y. K. The Epistles to the Galatians. NICNT; Grand Rapids: Eerdmans, 1986.

Hare, Douglas R. A. *Mark.* Westminster Bible Companion; Louisville: Westminster John Knox Press, 1996.

Harrington, Daniel J. *The Gospel of Matthew.* Sacra Pagina Series 1; Collegeville: Liturgical Press, 1991.

Hunter, A. M. *The Work and Words of Jesus.* London: SCM, 1973.

Kim, Kyoung-Jin. *Stewardship and Almsgiving in Luke's Theology.* Sheffield: Academic

Press, 1998.

Krodel, G. A. *Acts*. ACNT; Minneapolis: Augsburg, 1986.

Johnson, Luke Timothy. *The Acts of the Apostles*. Sacra Pagina Series 5; Collegeville: Liturgical Press, 1992.

Marshall, I. Howard. *Commentary on Luke*. NIGTC; Exeter: Paternoster, 1989.

_____, *The Acts of the Apostles*. TNTT; Leicester: IVP, 1986.

Matera, Frank J. *Galatians*. Sacra Pagina Series 9; Collegeville: Liturgical Press, 1992.

Morris, Leon. *Luke*. Tyndale New Testament Commentaries; Leicester: IVP, 1986.

Munck, Johannes. *The Acts of the Apostles*. The Anchor Bible 31; New York: Doubleday, 1981.

Pilgrim, W. E. *Good News to the Poor: Wealth and Poverty in Luke-Acts*. Minneapolis: Augsburg, 1981.

Polhill, John B. *Acts*. The New American Commentary; Nashville: Broadman Press, 2001.

Plummer, A. *St. Luke*. ICC; Edinburgh: T & T Clark, 1922.

Schmidt, T. E. *Hostility to Wealth in the Synoptic Gospels*. JSNTSup, 15; Sheffield: JSOT Press, 1987.

Stanton, G. *Gospel Truth*. Valley Forge: Trinity, 1995.

Stein, R. H. *Luke*. The New American Commentary; Nashville, TN: Broadman, 1992.

_____, *The Synoptic Problem*. Leicester: IVP, 1988.

Stonehouse, N. B. *Origins of the Synoptic Gospels*. Grand Rapids: Baker, 1979.

Schottroff, L. "Nonviolence and the Love of One's Enemies," In *Essays on the Love Commandment*, ed. L. Schottroff et al., tr. R. H. and I. Fuller. (Philadelphia: Fortress, 1978).

Schweizer, E. *The Good News according to Luke*. London: SPCK, 1984.

Thompson, B. H. P. *The Gospel according to Luke*. New Clarendon Bible; Oxford: Clarendon Press, 1979.

van Unnik, W. C. "Die Motivierung der Feindesliebe in Lukas vi 32-35." *NovT* 8 (1966).

Vos, Geerhardus. *Biblical Theology; Old and New Testaments*. Grand Rapids: Eerdmans, 1977.

Walaskay, P. W. *Acts*. Westminster Bible Companion; Louisville: Westminster John Knox Press, 1998.

Wenham, David. *Paul, Follower of Jesus or Founder of Christianity?* Grand Rapids: Eerdmans, 1995.

Willimon, W. H. *Acts*. Interpretation Commentary; Atlanta: John Knox, 1988.

Ziesler, J. *Pauline Christianity*. Oxford Bible Series; Oxford: University Press, 1992.

_____, *The Epistle to the Galatians*. Epworth Commentaries; London: Epworth, 1992.

한국에서의 문화목회의 필요성과 그 방안

이경직 | 백석대학교 교수

01 들어가는 말

많은 사람들이 인정하듯이, 21세기는 문화의 시대이다. 전쟁으로 얼룩졌던 20세기와는 달리 21세기에 문화를 통해 서로 이해하고 협력할 수 있는 이상적인 지구촌이 이루어질 것이라는 전망도 나오고 있다. 문화는 우리 삶의 모든 영역을 포괄하기에 문화의 시대는 우리 삶의 모든 영역의 수준이 향상되는 시대를 뜻한다.[1] 2002년 7월 4일 창립한 여가문화학회Society for Leisure and Cultural Studies가 21세기 인간의 전형을 노동하는 인간homo faber로 여기는 대신 놀이하는 인간homo ludens로 여기는 까닭도 바로 여기에 있다.[2]

이 글에서 우선 필자는 21세기 문화의 특징 가운데 하나인 탈중심성과 다원성이 인터넷 문화에서도 나타남을 보여주고자 한다. 이어서 필자

---

1) 추태화, "대중문화 시대와 교회의 정체성", 『한국개혁신학』 14, 2003, p. 436.
2) 이정구, "여가문화와 신앙생활: 새로운 교회문화 형성을 위한 대한", 『신학사상』 118, 2002, p. 61.

는 위계질서를 중시하는 전통적 한국교회가 탈중심성을 추구하는 인터넷 문화로부터 어떤 도전을 받는지를 설명하고자 한다. 더 나아가 필자는 한국교회가 이 도전을 어떤 방식으로 이겨낼 수 있는지 살펴보고자 한다. 이를 위해 필자는 21세기 문화와 관련하여 한국교회가 취해야 할 문화목회의 구체적 방안들을 제시해보고자 한다.

02 21세기 문화: 인터넷 문화

21세기 문화는 정보화, 디지털화로 대변되는 기술문명의 기초 위에서 있다. 디지털 문명은 인터넷으로 대표되는데, 참여자들이 동등하고 수평적인 관계에서 쌍방향 커뮤니케이션을 하는 것이 특징인 인터넷은 기존의 시간적, 공간적 제약을 허물고 서로 다른 시간과 서로 다른 공간에 있는 사람들이 서로 커뮤니케이션할 수 있도록 해주었다. 인간은 특정 공간과 시간에 고정되어 있는 정착민이기보다 모든 경계를 자유롭게 넘나드는 유목민nomad이 되었다. 기존의 인간 관계망과는 다른 새로운 관계망이 형성되었다. 이전에는 서로 접촉하지 못했던 다양한 사상과 문화가 인터넷 공간을 통해 동시적으로 서로 연결됨으로써 다양성이 증폭되었으며, 차이를 인정하고 다름을 존중하는 퓨전 문화가 장려되었다.[3]

인터넷 상에서 성립하는 공간은 특정 시간과 공간의 제약을 받는 우리의 현실공간과는 다른 가상공간virtual space이며, 사이버스페이스cyberspace로도 불린다. 컴퓨터 화면을 통해 펼쳐지는 세계가 너무 생생하기에 우리는 그 세계를 현실세계로 착각할 수도 있지만, 그 세계는 컴퓨터에 의해 추상적 데이터가 재연되는 세계이며 우리의 몸이 개입되지 않은 세계라는 점에서 가상 세계이다. 하지만 이 세계는 공간과 시간의

---

3) 고진하, "소통과 성숙의 교회 문화를 위해", 『문화시대의 목회적 대응』, 대한성공회, 2004년
  2월호, pp. 245-246.

제약을 받는 우리 몸이 배제되었기에 시간과 공간에 의해 분리된 사람들 사이에 커뮤니케이션이 가능한 세계이기도 하다. 약 1,000만 개의 호스트 컴퓨터들이 연결되어 있는 인터넷 공간에서는 상호연결만 있을 뿐, 모든 연결을 통제하는 중앙집권적 중심은 없다. 따라서 이 공간에는 수직적이고 종적인 위계질서hierarchy란 없으며, 평등한 수평적 관계에서 참여자 개인들이 서로 소통함으로써 합의에 이르는 다중심적 질서만 있을 뿐이다. 그런 점에서 인터넷 공간은 탈중심적이며 다원주의적이다. 이 공간은 익명성을 보장하기에 개인은 전문가 앞에서 위축되지 않고 자신의 견해를 마음대로 개진할 수 있다. 그런 점에서 이 공간에서의 논의는 어떤 방향으로 전개될지 참여자 모두 모른다는 의미에서 열려 있다.[4]

맥루한M. McLuhan의 말처럼 "미디어(형식)는 메시지(내용)"이기에 쌍방향적 커뮤니케이션이 가능한 디지털 시대는 참여와 협동의 시대이다. 이 시대는 소수가 모든 정보를 독점하며 나머지 다수를 통제하는 시대가 아니다.[5] 그런 점에서 인터넷은 삶의 수단에 그치지 않고 삶의 양식이 되었다. 인터넷은 탈권위주의와 다원주의라는 삶의 양식을 낳았다. 특히 인터넷 공간은 문자뿐 아니라 이미지image를 통해서도 커뮤니케이션이 가능하도록 함으로써 이성보다 감성을 강조하는 포스트모더니즘 시대의 물적 토대를 제공했다. 21세기 시대를 감성의 시대라고 부르는 까닭도 바로 여기에 있다.[6] 그런 점에서 21세기에서는 추상적인 이론보다는 구체적인 문화가 더 중요하게 받아들여진다. 많은 문화가 인터넷 공간 속에서 마치 백화점에 전시된 상품처럼 제시되며, 인터넷 사용자들은 큰 제약 없이 다양한 문화를 접할 수 있다. 그런데 이러한 변화를 받아들이는 신세대는 이미지보다 문자를 중요하게 여기는 기존 세대와 마

---

4) 박충구, "사이버스페이스 시대의 문화와 교회", 『21세기 문명과 기독교윤리』, 대한기독교서회, 2004, pp. 211-214.
5) 추태화, 『대중문화 시대와 기독교문화학』, 코람데오, 2004, pp. 144-145.
6) 같은 책, p. 121, p. 129.

찰을 빚을 수밖에 없다.

　이는 수평적이고 쌍방향적인 관계보다는 목회자를 정점으로 하는 위계질서적 관계가 나타나는 전통적인 한국교회에서도 마찬가지이다. 예를 들어, 교회 설교는 목회자가 성도들을 향하여 일방적으로 전달하는 방식으로 이루어지는데, 쌍방향적 커뮤니케이션에 익숙한 신세대에게 이런 일방향적 커뮤니케이션은 거부감을 낳을 수도 있다.

　따라서 한국 교회는 수평적 커뮤니케이션이 중시되는 새로운 상황 속에서 복음을 효과적으로 전달해야 하는 과제를 안고 있다. 특히 감성을 중요하게 여기는 시대에 한국 교회는 복음의 메시지를 문화라는 형식에 담아 전달할 필요가 있다. 하지만 그동안 한국교회는 교회의 사명을 언어적 복음 선포에 두었으며, 신자들의 다양한 삶에 구현되는 문화보다는 예배당 중심의 집회를 더 중요하게 여겼다. 그 결과 신자들은 문화 활동을 할 기회를 많이 얻지 못했으며, 교회성장을 위해 심방에 치중했던 목회자들도 문화에 관심을 둘 여력이 없었다. 특히 유교의 영향 덕분에 성경공부와 같은 지적 활동이 활발한 반면, 감성적 문화 체험을 할 수 있는 기회는 상대적으로 적었다. 그 결과 리처드 니버Richard Niebuhr의 도식에 따르는 경우 한국 교회는 문화에 대항하는 그리스도Christ against culture 유형이나 역설적 관계에 있는 그리스도와 문화라는 유형에 적합하게 되었다.[7]

　그 결과 문화 세대인 젊은이들이 한국교회를 떠나는 비율이 늘고 있다. 문화 사역을 중요하게 펼치는 교회에는 상대적으로 청년들이 많은 반면, 여전히 전통적인 목회방식을 고수하는 한국교회에는 청년들의 수가 줄고 있다. 이상화 목사에 따르면, 최근 비기독교청년들에게도 "윤리적이고 문화적인 이단을 비윤리적이고 꽉 막힌 정통보다 더 선호하는 경향"[8]이 있다. 따라서 한국교회는 수평적 커뮤니케이션이 이루어지는 인

---

7) 같은 책, pp.157-158.

8) 송영락, "청년들이 교회를 떠나는 33가지 이유", 『기독교연합신문』 927, 2007, p. 15.

터넷을 적극 활용할 뿐 아니라, 그러한 수평적 커뮤니케이션을 담아낼 수 있는 제도와 형식을 개발해야 한다.9)

그동안 한국교회는 새로운 문화를 접할 때 처음에는 대부분 적대적 태도를 보이다가 시간이 흐르면 그 문화를 자연스럽게 받아들였다. 열린 예배와 CCMContemporary Christian Music의 경우가 그러했다. 하지만 대부분 한국 교회는 수용의 정당한 이유를 신학적으로 충분히 검토하지 않은 채 새로운 문화를 받아들이는 경향을 보여 왔다.10) 그러한 점에서 필자는 감성을 중요하게 여기는 문화시대에 한국교회가 어떻게 대처해야 하는가는 문제가 충분히 검토되어야 한다고 여긴다. 교회는 거룩성을 대변하고 문화는 세속성을 대변한다는 이분법을 고수해서는 인터넷 문화와 더불어 찾아오는 포스트모더니즘의 문화적 다원주의를 이겨낼 수 없다.11) 현실의 도전에 대해 아무런 대책도 내놓지 못하는 교회를 오늘날의 젊은이들은 외면할 것이다.

사실 한국교회는 초기에 고급문화였던 미국교회 문화를 받아들여서 한국 사회에서 상대적으로 높은 문화를 소유했으며, 그 결과 한국사회에 큰 영향력을 끼쳤다. 선교 초기부터 1970년대까지만 하더라도 교회 문화가 일반 문화보다 앞섰으며, 많은 젊은이들이 교회에서 수준 높은 문화를 누릴 수 있었으며, 그 결과 한국인들은 그 문화를 접촉점으로 하여 복음을 받아들일 수 있었다.12) 교회는 예배공동체와 신앙공동체의 역할 뿐 아니라 생활공동체와 문화공동체의 역할도 충분히 감당했다. 하지만 지금 한국 교회의 문화는 일반 문화에 비해 학예회 수준에 불과하다는 평가를 받고 있다. 한국 교회의 문화는 메시지를 지나치게 강조한 나머지

---

9) 김민수, "뉴미디어 문화와 영성(2). 교회와 인터넷 문화", 『사목』 302, 2003, pp. 61-62.

10) 오현철, "한국교회의 설교환경과 설교배치에 관한 소고", 『성경과 신학』 36, 2004, pp. 377-382.

11) 추태화, 앞의 책, p. 437.

12) 신국원, "미국교회가 한국교회 문화에 미친 영향", 『기독교사상』 502, 2000, p. 58.

예술성에 있어서 수준이 떨어진다는 비난도 받고 있다.[13]

　교회를 떠나는 청년들의 발길을 다시 교회로 되돌릴 수 있기 위해서는 한국 교회의 문화는 종래의 폐쇄적이고 위계질서적이고 일방향적인 커뮤니케이션 방식에서 벗어나, 열려 있으며 수평적이고 상호작용하는 interactive 커뮤니케이션 방식을 택해야 할 것이다. 최근 한국교회에서 관심을 끄는 셀 교회cell church 운동도 이러한 변화에 적응하려는 움직임 가운데 하나로 평가된다.[14]

　하지만 한국 교회는 인터넷 문화의 도전을 적극적으로 수용하면서도 인터넷 문화의 한계를 보완해줄 수 있는 방안도 내놓아야 한다. 몸이 배제된 인터넷 공간에서 인간관계는 디지털 정보로 이루어지기에, 인간적 체온과 인격이 배제된다. 마르틴 부버Martin Buber의 표현을 빌리자면, 인터넷 공간에서 인간은 '나와 너'Ich und Du의 관계로 만나기보다 '나와 그것'Ich und Es의 관계로 만난다.[15] 인터넷 공간을 통해 사람들은 서로 접속하지만 정작 인격적 접촉은 경험하기 힘들다. 이와 관련하여 한국 교회는 인터넷 문화가 제공하는 수평적이고 쌍방향적인 커뮤니케이션을 긍정적으로 수용하는 한편 인터넷 공간에는 없는 사랑의 접촉을 제공할 수 있어야 한다. 성경에서 이 접촉은 성도들 사이의 형제애를 나타내는 '거룩한 입맞춤'으로 표현되는데, 인터넷 공간에서 얻을 수 없는 인격적 교제와 헌신을 경험할 수 있는 공간을 한국 교회는 제공해야 할 것이다.[16] 그래서 김민수의 지적처럼, 온라인 공동체는 현실 공동체와 연결됨으로써만 상생할 수 있다.[17]

---

13) 박양식, 「한국교회의 문화사역 맥집기」, 21C 기독교문화포럼 위원회, 2000년 6월호, p. 210, pp. 213-214.

14) 고진하, "소통과 성숙의 교회 문화를 위해", 『문화시대의 목회적 대응』, 대한성공회, 2004년 2월호, pp. 244-245.

15) 추태화, 앞의 책, p. 138.

16) 강진구, "접선과 접속 그리고 접촉의 문화", 『활천』, 2003년 1월호, pp. 78-79.

17) 김민수, 앞의 글, p. 69.

03 한국교회의 대응: 문화목회

한국교회가 문화에 관심을 두어야 하는 이유는 단지 시대가 요구하기 때문만은 아니다. 교회가 문화를 창조해야 하는 이유가 성경에 주어져 있기 때문이다. 창세기 1장 28절에서 하나님은 인간을 자연을 가꾸어 문화와 문명을 발전시켜야 하는 책임을 위임받은 청지기로 삼으셨다. 창세기 4장에서 보듯이, 인간이 발전시키는 문화가 모두 선한 것은 아니기에 하나님 나라 확장과 관련하여 거룩한 문화를 창조해야 하는 책임이 교회에 있다.[18] 특히 이미지의 시대이며 시각적 설득의 시대에 시각적 이미지를 통해 거룩한 문화를 창조해야 할 사명이 한국 교회에 있다.[19]

예수님께서 제자들을 세상에 보내신 것처럼(마17:18), 예수님께서 성육신하신 것처럼 교회도 세상 속으로 들어가 문화를 통해 세상을 변혁시킴으로써 복음의 메시지가 세상 속에 구현되도록 해야 한다. 한마디로 말하자면, 교회는 문화의 변혁자가 되어야 한다. 세상의 모든 문화가 그리스도 앞에 순종하여 그리스도의 문화가 되도록 하는 사명이 교회에 있다.[20]

이와 관련하여 필자는 한국 교회가 현대 문화에 대해 지녀야 할 전략을 구체적으로 살펴보고자 한다.

(1) 감성적 언어로도 표현되는 복음

한국 교회는 예배와 교육에서 사용되는 언어를 재검토해야 한다. 20세기까지 서구 신학은 철학을 대화상대로 삼았기에 매우 이성적이고 논리적인 언어를 사용했다. 실제로 서구 신학자들이 저술한 조직신학 책 예: 벌코프의 『조직신학』을 제대로 이해하고 읽은 한국 신학생들이 많지 않다. 전

---

18) 추태화, 앞의 글, pp. 440-441.

19) 추태화, 앞의 책, p. 97.

20) 추태화, 앞의 글, pp. 442-443.

통적인 신학교육을 받은 목회자들은 매우 딱딱하고 건조한 언어를 사용해서 설교한다. 하지만 정작 성경에는 우리의 이성에 호소하는 언어뿐 아니라 우리의 감성에 호소하는 문학적 언어도 있다. 같은 맥락에서 우리는 시나 비유, 이야기 등의 문학적 언어뿐 아니라 영상 언어나 음악 언어, 그림 언어 등을 사용하여 복음을 전할 수도 있다. 특히 이성보다 감성이 강한 한국교회 교인들에게는 연역적이고 논리적이고 3대지 중심인 설교뿐 아니라, 귀납적이고 감성적인 내러티브적 설교도 필요하다. 감성적 언어를 사용하는 설교 및 전도는 한국에서 듣는 사람의 마음을 움직일 수 있을 것이다.[21]

예를 들어, 신성준의 제안처럼 지역교회는 부활절 때 현수막에 "예수 다시 사셨네"라는 상투적 글귀 대신 "힘내세요. 예수님이 절망을 이기신 날입니다"라는 글귀를 쓸 필요도 있다. 비기독교인에게 거부감을 일으키도록 종교적 색채를 강하게 나타내기보다, 감성적이고 서정적인 메시지를 건네는 것도 복음 전파의 좋은 방법이 될 수 있다. 또한 예배시간 안내와 설교 제목 등이 기록되는 교회 입구의 외부 게시판도 관공서 게시판의 이미지를 주지 않도록 신경 쓸 필요가 있다. 지역 교회가 있는 거리와 마을이 그 교회의 디자인과 문화 때문에 아름답고 향기로운 곳이 되도록 할 필요가 있다. 그래서 지역 주민들에게 매력적이고 감동을 주는 교회 문화를 드러낼 필요가 있다. 그러할 때 지역 주민들은 문화를 통해 기독교적 세계관을 체험하며, 기독교의 복음에 대해 열릴 수 있을 것이다.[22]

(2) 인터넷 공동체의 활용

또한 인터넷 공간을 잘 활용하는 경우 한국교회는 오프라인에서 얻지 못하는 공동체를 얻을 수 있다. 예를 들어, 군에 입대한 교인이나 일

---

21) 고진하, 앞의 글, pp. 68-69.
22) 신성준, "미술관 옆 예배당", 『활천』 6003, 2004, pp. 68-69.

정 기간 해외에 거주하는 교인이나 출장 중에 있는 교인들도 인터넷 공간을 통해 물리적 거리를 극복할 수 있다. 오프라인에서 깊이 있는 대화를 나누기에는 시간적, 공간적 제약이 많으며, 또한 상담자와 내담자가 사용할 수 있는 시간과 공간이 일치해야 하는 부담이 있는데, 온라인 공동체를 사용하는 경우 그러한 제약과 부담을 극복할 수 있다. 또한 문자와 이미지를 통해 커뮤니케이션하기에 더욱 분명하게, 더욱 깊이 생각해서 의사소통할 수 있으며(예를 들어, 현실공간에서는 질문에 대해 바로 대답해야 하지만 ― 긴 침묵은 어색하다 ―, 가상공간에서는 질문에 대답하기 위해 충분한 시간을 확보할 수 있으면 다른 자료를 참조할 수도 있다.) 서로 남긴 메시지를 반복해서 읽고 생각할 수 있다는 장점을 지닌다. 실제로 필자도 학생들을 지도하는 과정에서 사이버 커뮤니티가 큰 역할을 한다는 사실을 경험했다. 실제로 한국 교회의 젊은 사역자들은 미니홈피 순방을 통해 심방을 보완하기도 한다.

물론 앞서 지적했듯이 온라인 공동체만으로는 전인격적인 교제를 얻을 수는 없다. 하지만 익명성을 극복하고 실명으로 서로 교제하는 동시에, 정기적인 오프라인에서의 만남을 통해 온라인 공동체의 약점을 보완한다면, 온라인 공동체는 교회 공동체의 확장으로서 그 역할을 충분히 감당할 수 있을 것이다. 실제로 온라인상에서 교회를 설립하고 운영하려는 움직임이 있지만, 오프라인에서의 만남이 전제되지 않으면 온라인 교회가 제대로 운영되지 않는다. 특히 온라인 공동체에서 사람들은 오프라인 공동체에서 경험하는 위계질서를 상대적으로 적게 경험한다. 하지만 수평적 커뮤니케이션이 이루어진다고 해서 완전한 탈중심적 구조가 되면 공동체가 유지되기 어려울 수 있다. 공동체의 목적과 방향이 완전히 열리기 때문에 하나님의 객관적 계시에 근거하여 이루어지는 공동체를 유지하기 어려운 면이 있다. 그래서 온라인상에서도 회원들의 신분을 나타내는 아바타(왕관 소유자 등)를 통해 최소한의 질서를 부여하려는 움직임이 있다. 온라인 공동체 안에서 서로 실명으로 만나게 되면 이 정도

의 질서는 확보할 수 있으리라 생각한다. 누가 사역자인지는 드러나기 때문이다.23)

(3) 지역문화의 중심으로서의 교회

원칙적으로 교회는 지역을 기반으로 해야 한다. 이와 관련하여 교회는 지역 사회에 수준 높은 기독교 문화를 제공함으로써 지역사회 문화를 변혁시켜야 할 사명을 지닌다. 특히 문화적 빈부격차가 커짐에 따라 문화의 수준이 높은 서울 등 대도시를 제외하고 중소도시나 시골은 아직 고급문화의 혜택을 크게 보지 못하는 상태이다. 하지만 이는 지역교회들에게 큰 기회이기도 하다. 예를 들어 1995년에 인제성결교회 우순태 목사는 강원도 인제군이 제4회 가을예술제를 개최하도록 도왔다. 우 목사는 주민에게 신뢰를 잃어 관제문화행사를 효과적으로 치룰 수 없는 행정기관을 대신하여 지역주민들에게 문화혜택을 주면서도 행정기관의 지원을 활용할 수 있는 중간다리 역할을 한 셈이다. 이 사례는 문화적으로 낙후해서 젊은이들이 떠나는 농촌에 문화 프로그램을 제공함으로써 교회가 지역문화의 중심에 설 수 있으며, 그 결과 젊은이들이 들어오기 쉽도록 교회 문턱을 낮출 수 있음을 잘 보여준다. 우 목사는 청년회의 이름도 '진리이신 예수를 함께 하는 마당'이라는 의미의 '참뜨락'으로 고쳐 비기독교인들이 거부감을 갖지 않도록 했으며, 교회 청년들과 비기독교인 청년들 20명으로 역사 탐방팀을 만들어 국토 순례를 하도록 지원했다.24) 강서구 낙원교회는 총선이나 대선 때마다 교회를 주민투표소로 개방함으로써 일반인들이 교회 앞마당을 자연스럽게 들어올 수 있는 길을 열어주기도 했다.

사실 과거 서구의 교회는 문화의 기능도 담당했다. 영적 기능과 지

---

23) 박충구, 앞의 글, pp. 217-218.

24) 편집부, "문화목회를 시도하는 우순태 목사", 『활천』, 1995년 12월호, pp. 106-108, pp. 110-112.

적 기능, 문화적 기능이 예배당이라는 공간에서 동시에 이루어졌다. 독일 교회의 경우 교회 앞마당에 도시에서 가장 큰 시장이 열려 도시의 모든 기능과 문화가 교회중심적으로 이루어지도록 하는 전통을 지니고 있다. 한국 교회도 기독교적 세계관에 입각한 문화를, 그리고 지역주민들이 이해하고 누릴 수 있는 문화를 창출하는 문화종합공간이 될 필요가 있다. 최근 몇몇 지역교회들이 지역사회 주민들에게 문화공간을 개방함으로써 복음의 접촉점을 늘려가는 것은 고무적인 일이다.[25] 지역 주민들에게 기독교적 문화를 공급하는 것의 의미는 복음의 접촉점을 얻는 것에만 그치지 않는다. 이 일은 선인과 악인 모두에게 햇빛을 비추시고 비를 내리시는 하나님의 일반은총을 세상이 맛보도록 하는 일에 지역교회가 앞장서는 것이기 때문이다.

이를 위해서 지역교회 목회자는 지역사회와 지역민의 현실적 욕구와 문화적 요구를 파악할 필요가 있다. 21세기는 쌍방향 의사소통의 시대이기 때문이다. 릭 워렌Rick Warren 목사가 지역사회와 지역인이 교회에 대해 어떻게 생각하는지 구체적으로 조사한 결과에 토대를 두어 구도자 예배를 추진한 것이 좋은 사례이다. 더 나아가서 목회자는 시대와 문화의 코드를 읽을 줄 알아야 이 조사결과를 잘 활용할 수 있다. 이와 관련하여 윌로우크릭 교회는 구도자들에게 복음을 전할 때 문화예술을 잘 활용한다.[26]

이정구도 지역주민들을 위해 민족의 과제인 통일 문제를 비롯하여 제반 현실 문제를 모여서 토론하는 프로그램을 교회가 적극 제시할 필요가 있다고 주장한다. 또한 그는 교회가 문화놀이공간을 마련하거나 지역 청소년들의 대학입시에 도움이 될 수 있는 프로그램을 운영할 것을 제안한다. 필자는 주5일 수업 때문에 휴일이 되는 토요일에 지역교회에서

---

25) 이정구, "여가문화와 신앙생활: 새로운 교회문화 형성을 위한 대안", 『신학사상』 118, 2002, pp. 68-69.
26) 추태화, 앞의 책, pp. 164-172.

(기독교적 세계관에 입각한) 논술교육을 실시하는 것이 좋겠다고 생각한다. (하지만 구체적인 교육방법과 교재 개발은 아직 이루어지지 않은 상태이다. 성경논술이라는 프로그램이 진행되는 곳도 있다.) 또한 이정구의 제안처럼 교회 연합이나 교단 차원에서 국내 성지순례 프로그램을 개발하는 것도 좋겠다. 백석대 기독교문화콘텐츠 센터는 국내 성지순례 프로그램을 개발하고 성지순례 과정을 디지털 비디오로 담아 콘텐츠화하여 온라인상에서 보급하는 일을 추진하고 있다. 또한 지역교회가 모든 프로그램을 다 기획하고 추진하기보다(그 경우 많은 인적, 물적 자원이 필요하다) 교인과 교인, 단체와 단체, 교인과 지역주민을 네트워킹해주는 역할을 하는 것도 바람직해 보인다.27)

그런데 전통적 교회 문화에 익숙한 기존 교인들이 새로운 형식의 교회문화에 대해 반발할 수 있다. 하지만 상황적 예배contextual worship에 대해 머리로는 부정적이었지만 참된 예배를 경험하고 국악찬송을 예배에 도입한 이기승 목사와 같이 용기를 지녀야 한다. 이기승 목사는 예전 춤을 활용하여 성찬예전 때 훈련된 찬양단원이 성찬을 진설한 후에 성도들의 찬양에 맞추어 춤을 추게 했으며, 추수감사절 때 할렐루야를 전통 아리랑 곡에 맞춰 부르기도 했다. 물론 기존 교인들의 반발이 없었던 것은 아니다. 그러하기에 그는 "개척자는 외롭다"고 고백했다.28)

국악을 찬송에 도입한 사례는 일반 문화에서 좋은 것들을 교회 안에서도 적극 활용할 필요가 있음을 잘 보여준다. 이는 비기독교인들이 교회 문화에 비교적 쉽게 적응하도록 도울 뿐 아니라, 교회 안에 있는 사람들의 문화적 욕구도 충족시켜줄 수 있다. 요즈음 많은 한국 청소년들이 온라인 컴퓨터 게임에 빠져 중독 현상을 보이기까지 한다. 컴퓨터 게임 중독은 현실세계와 가상세계를 혼동하도록 하며 정체성에 혼란을 주며 대인관계에도 나쁜 영향을 줄 수 있다. 그렇다고 중독에 빠진 청소년들

---

27) 이정구, 앞의 글, pp. 78-80.
28) 이기승, "당신의 문화로 그리스도를 존귀케 하라", 『활천』, 2002년 2월호, pp. 82-85.

에게 컴퓨터 게임을 무조건 금지하는 것만으로 중독을 해결할 수는 없다. 중독에서 벗어나는 일이 매우 어렵기에 게임의 부정적 측면을 제거하는 게임을 개발할 필요가 있다. 백석대 김성애 교수가 개발한 선교보드게임 〈미션파워〉가 대표적인 예이다. 이와 관련하여 소군호는 성경을 소재로 한 게임이나 건설 시뮬레이션 게임, 건전한 스포츠를 기반으로 하는 게임을 개발할 필요가 있다고 주장한다.[29]

(4) 문화의 올바른 기준 제시

한국 교회는 일반 문화에서 좋은 것들을 교회 안에서 재활용하는 일뿐 아니라 일반 문화에서 나쁜 것들을 지적하는 일도 해야 한다. 흔히 이일만 했기에 교회는 언제나 세상 문화를 부정만 하는 단체로 비칠 수 있다. 기윤실(기독교윤리실천운동)이 이슈를 선점당한 채 물의를 빚는 영화 작품 등에 대해 불매운동이나 그 영화 안보기 운동 등의 소극적 운동만 벌여 부정적 이미지를 얻은 것이 하나의 예이다. 기윤실이 정직운동 등 보다 적극적 운동으로 방향을 선회하는 이유도 바로 여기에 있다. 하지만 그렇다고 해서 이 일을 안 할 수도 없는 일이다. 좋은 것은 좋다고 하면서 나쁜 것은 나쁘다고 할 때 교회의 문화비평적 역할이 인정받을 수 있으리라 생각한다.

예를 들어, 기독교 영화비평가 강진구는 '옥탑방 고양이'라는 드라마에서 긍정적으로 묘사되는 혼전동거를 현대사회의 옳지 않은 결혼관을 반영하는 것이라고 평가하면서 비판한다. 하나님께서 인간과 맺으신 언약을 가장 닮은 언약에 근거해서 이루어지는 결혼이라는 기독교적 결혼관에 비추어 볼 때 혼전동거는 받아들일 수 없기 때문이다. 하지만 강진구는 그 드라마를 비판하면서 바로 성경구절을 제시하는 대신 혼전동거의 필요성이나 정당성을 주장하는 사람들의 논거가 잘못되었음을 지적한다. 그에 따르면, 혼전동거를 옹호하는 사람들은 이혼을 막기 위해

---

29) 소군호, "N세대의 놀이문화로서 컴퓨터 게임은 독인가 약인가", 『활천』 611, 2004, pp. 22-23.

혼전동거가 필요하다고 주장하지만, 1999년 미국의 '멘스 헬스' 지 6월호에서는 혼전동거경험이 없는 남성의 이혼율이 20%로 파악된 데 반해 혼전 동거한 커플의 이혼율이 34%에 이른다.[30] 영화 〈4인용 식탁〉과 관련하여 죽음을 다루는 그 영화의 태도를 비판적으로 평가할 때도 마찬가지 태도가 나타난다. 그는 여주인공이 태어난 지 얼마 안 되는 자기 영아를 아파트 고층에서 떨어뜨려 살해하는 장면이 직접 묘사된 것에 대해 우리 사회의 신뢰를 무너뜨릴 수 있는 묘사라고 비판한다.[31]

이런 방식의 논증은 비기독교적 문화의 잘못을 지적하는데 우리가 어떤 방법을 사용해야 하는지를 잘 보여준다. 이는 성경에서 나오는 기독교적 세계관에 따라 문화를 평가하면서도 비기독교인과 함께 논의할 수 있는 공동지반을 사용해야 함을 잘 보여준다.

(5) 기독교 문화의 수준 고양

1970년대 이후 한국 교회 문화의 수준은 일반 사회 문화의 수준보다 낮다는 평가를 받아왔다. 예를 들어, 기독교 미술은 기독교 메시지에 치우친 나머지 예술적 조형미를 놓쳤다는 평가를 받으며, 기독교문화에는 전문성이 없다는 비판도 받는다.[32] 한마디로 말하자면, 이 비판은 기독교 문화에 예술성이 부족하다는 것이 골자이다.

이 비판을 극복하기 위해 한국 교회는 여러 가지 방안을 모색해야 할 것이다. 이와 관련하여 필자는 몇 가지 제안을 하고자 한다. 우선 한국교회와 기독교인들은 기독교 문화사역자들을 적극적으로 후원해야 한다. 이 때 후원은 후원금을 내는 것에 그치지 않는다. 기독교 문화사역자들이 최선을 다해 만든 문화상품을 정당한 가격을 지불하고 구매하는 것이 가장 좋은 후원이다. 예를 들어, 음반시장의 불황 때문에 유명한 가수

---

30) 강진구, "'옥탑방 고양이'를 통해 본 동거문화", 『활천』, 2003년 9월호, pp. 62-63.
31) 강진구, "영화는 어떻게 아이들을 죽이고 있는가?", 『활천』, 2003년 10월호. pp. 60-61.
32) 박양식, 앞의 글, p. 210, pp. 213-214.

들의 음반도 예약판매라는 형식을 통해 할인 판매된다. 그런데 일반 음반과는 달리 복음 사역을 위해 영적 싸움 가운데 준비하고 제작하여 만든 CCM 음반도 기독교인들에 의해 같은 취급을 받는다. 기독교인은 CCM 음반을 구입할 때 영적 측면은 고려하지 않고 오직 자본주의 시장 논리만 충실히 따른다. 물론 CCM 음반에서 찬양 개념이 탈색되고 상업성을 띠게 된 잘못도 있지만, 한국교회와 기독교인들은 기독교문화상품을 정상가에 구입함으로써 그 돈이 다시 재투자되어 양질의 기독교문화상품이 나올 수 있는 기반이 되도록 해야 한다. 또한 강찬의 지적처럼 할인판매라는 악순환의 고리를 끊을 수 있는 CCM 매체도 필요하다.[33] 더 나아가서 교단별로 일정액을 모아서 기독교문화기금을 만드는 것도 하나의 방법이 될 수 있겠다.

이와 관련하여 기독교 문화 매니아 층을 형성할 필요가 있다는 강진구의 지적에 귀 기울일 필요가 있다. 전문가 못지않은 지식을 지닌 매니아들은 문화를 무비판적이고 무조건적으로 수용하는 대중과는 달리 문화를 객관적으로 평가할 수 있는 사람들이다. 기독교문화를 즐기는 매니아 층이 형성된다면 기독교문화상품의 시장도 확보되는 동시에 기독교문화생산자들에게 창조적 조언을 함으로써 건전하고 수준 높은 기독교문화 생산에 기여할 수 있다.[34] 이러한 기독교 문화 매니아들의 비판을 받아들여 창조적 작업을 할 수 있기 위해서는 문화사역자들이 자기 분야에만 너무 매달리지 말고 때로 자신의 사역이 기독교 문화 전반에서 어떠한 위치를 차지하는지 검토하는 여유를 가질 필요가 있다. 또한 이러한 기회를 제공하는 세미나 등을 기독교문화 관련단체에서 제공할 필요가 있다. 기독교문화사역자들도 일에만 분주하기보다 때로 시대를 파악해서 사역의 방향을 세우는 작업도 할 필요가 있다.[35]

---

33) 강찬, "CCM 음반할인 무엇이 문제인가", 『활천』, 2003년 5월호, pp. 14-15.
34) 강진구, "매니아: 대중문화시대의 새로운 인간상", 『활천』, 2003년 8월호, pp. 66-67.
35) 박양식, 앞의 글, pp. 216-217.

기독교문화의 수준을 높이는 일과 관련하여 교회 자체도 나름대로의 독특한 디자인을 지녀야 한다는 신성준의 제안이 흥미롭다. 신성준은 연세대가 〈대학 이미지 표준관리지침〉을 만들어 그 지침 시행 여부를 감독하는 전담부서까지 둔 사례를 들면서, 성도들과 지역사회에 비전을 제시해야 하는 목회사역에도 디자인이 중요하다고 역설한다. 그에 따르면, 예장통합은 '대한예수교장로회'라는 이름의 다른 교단들과 차별화하기 위해 CIP^{Church Identity Program}을 활용하여 자체 심볼 마크를 교회 간판에 부착하도록 권고한다. 각 지역교회가 지역 특성에 맞게 지역주민들과 교인들에게 특정 로고를 만들어 일관되게 사용한다면 비전을 효과적으로 전달할 수 있을 것이다.36)

그런데 기독교 문화의 수준이 향상되려면 목회자를 양성하는 신학교에서도 문화예술교육이 이루어져야 한다. 특히 실천신학 분야에 문화예술교육을 강화하는 방식으로 커리큘럼 개정이 이루어져야 할 것이다. 교회의 많은 문화행사가 일반 사회의 문화행사보다 수준이 떨어지거나 그것을 모방하는데 그치는 이유는 목회자에게 예술적 안목이 없는데 있기도 하다. 세상을 아름답게 창조하신 예술가 하나님을 본받는 예술가 목회자들이 신학교에서 양성될 때 교회의 모든 예전과 활동이 예술적 측면에서도 높은 수준을 유지할 수 있을 것이다.37) 설교나 성찬 예식, 세례식 등을 젊은 세대의 정서와 언어, 양식을 감싸 안으면서도 본질을 해치지 않는 방안을 창조적으로 모색해보는 것도 좋을 것이다.38) 또한 문화예술교육을 받은 목회자는 고정관념에 사로잡히지 않고 창조성을 발휘하며, 목회하면서 받는 스트레스를 이길 수 있는 여유를 얻을 수 있다. 무엇보다 문화예술교육을 신학교 과정에서 배운 목회자는 문화에 대해

---

36) 신성준, "디자인, 사람은 외모를 본다", 『활천』, 2004년 5월호, pp. 12-13.
37) 임걸, "예술가로서 목사: 교회문화 갱신을 위한 목회자 정체성", 『한국기독교신학논총』 31, 2004, pp. 335-353.
38) 이정구, 앞의 글, p. 72.

깊이 이해함으로써 문화목회를 적극적으로 추진할 수 있다.[39]

(6) 피드백 있는 목회

한국 교회는 가부장적 가족제도를 옹호하는 유교의 영향 때문에 아직도 목회자 개인의 전적 헌신과 카리스마에 크게 기대고 있다. 하지만 앞서 언급했듯이, 인터넷 공간이 우리 삶의 중요한 공간으로 자리 잡은 21세기에 커뮤니케이션은 쌍방향으로 이루어질 수밖에 없다. 따라서 목회 리더십도 위계 질서적 리더십에서 관계 중심적 리더십으로 전환되어야 한다. 한 사람의 일방적 명령에 다수가 참고 인내하던 시대는 지나갔다. 민주화를 경험했고 인터넷 문화에 익숙한 젊은 세대는 상호작용하는 interactive 커뮤니케이션을 당연하게 여긴다. 그래서 젊은 세대는 자신이 직접 참여하여 만들어간다는 만족감을 얻을 수 있는 콘서트concert에 열광한다. 젊은 세대가 예배에 참여하는 방식으로 50-60대 한국교인들이 예배에 참여하는 방식과 사뭇 다르다. 젊은 세대는 찬양 도중에 일어서서 몸을 흔들기도 하고 춤을 추기도 하며, 환호를 지르기도 한다. 그들의 반응은 바로 예배인도자에게 영향을 주어 예배 분위기가 고조되기도 한다. 따라서 예배 회중의 눈높이에 맞추지 않고 일방적으로 예배를 진행하는 경우 그 예배는 젊은 회중을 잃기 쉽다.[40]

상호작용하는 커뮤니케이션이 중요시되는 시대에 한국 교회는 평신도가 교회 안에서 하는 역할을 재평가해야 한다. 평신도는 더 이상 목회자에게 일방적으로 기대는 어린아이가 아니라 목회사역의 조력자가 되어야 한다. 이는 목회자 개인이 너무 큰 부담에서 벗어나 목회의 전반적 방향을 조정하는 중재자coordinator 역할을 잘 할 수 있도록 해주는 장점을 지닌다. 또한 평신도들이 영적 지도자로 자리를 잡을 때 교회가 더욱 단단해질 것이며, 하나님 나라가 지역 사회 속으로 더 확장될 것이다.

---

39) 임걸, 앞의 글, pp. 354-359.
40) 신성준, "왜 콘서트에 열광하는가", 『활천』, 2004년 3월호, pp. 66-67.

04 나가는 말

이 글에서 우선 필자는 인터넷 공간이 중시되는 21세기 시대를 문화의 시대, 감성의 시대, 쌍방향 커뮤니케이션의 시대로도 이해할 수 있음을 밝혔다. 이 글의 목적은 그러한 시대에 한국교회가 어떤 방향으로 문화목회를 해야 하는지를 보여주는데 있었다. 이와 관련하여 필자는 1) 한국교회가 감성적 언어로도 복음을 표현해야 하며, 2) 한국교회가 인터넷 공동체도 활용해야 하며, 3) 한국교회가 지역문화의 중심이 되어야 하며, 4) 한국교회가 올바른 문화 기준을 제시해야 하며, 5) 한국교회가 기독교문화의 수준을 높여야 하며, 6) 한국교회목회자들이 피드백 있는 목회를 해야 한다고 주장했다. 특히 기독교 문화의 수준을 높이기 위해서는 기독교문화사역자들의 땀이 어린 결실들을 제값을 치루고 구입하는 운동이 일어나야 한다고 지적했다. 또한 한국교회 목회가 가부장적 위계질서를 지양하고 쌍방향적이고 수평적인 관계망을 형성해야 한다고 지적했다. 물론 완전히 수평적인 관계망만 형성하는 경우 하나님의 객관적 질서를 부인할 위험도 있다고 지적했다.

또한 필자는 온라인 공동체로만으로는 온전한 교회공동체를 이룰 수 없음을 인정하면서도 오프라인에서 부족한 교제와 커뮤니케이션을 온라인 공동체를 통해 보완할 수 있다고 지적했다. 이와 관련하여 필자는 변혁적 문화소명과 영혼 구원 사이의 균형을 깨뜨려서는 안 된다고 생각한다. 신국원이 잘 지적했듯이, 미국의 교회성장운동에서 지역주민의 필요에 맞추는 방식으로 문화 사역을 함으로써 개인의 필요를 잘 채우는 교회들이 교리나 신학을 무시하는 경향을 보이며 개인주의 문화에 영합할 수 있기 때문이다. 대중문화와의 접목을 중시하다가 자칫 교회문화가 세속문화를 본 딴 하위문화로 전락할 위험성도 있기 때문이다. 감성세대에 맞도록 복음을 전하다 보면 교회의 비전이 세상의 변혁을 통한

하나님 나라에 있지 않고 개인적 회심에만 있을 수 있기 때문이다.[41]

교회 문화는 신자들이 복음을 자신의 삶을 통해 살아내는 방식이다. 따라서 교회 구성원들은 일반 사회의 문화보다 더 뛰어난 문화를 구체적으로 만들어냄으로써 자신의 신앙을 실천적으로 고백해야 한다.[42] 한국 교회는 문화목회의 구체적 실천방안을 모색하고 구체화함으로써 문화를 통해 복음을 구체화하여야 한다.

■참고문헌

추태화, 『대중문화 시대와 기독교 문화학』, 코람데오, 2004.

강진구, "'옥탑방 고양이'를 통해 본 동거문화", 『활천』, 2003년 9월호.

강진구, "마릴린 맨슨과 상업적 악마주의 문화", 『활천』, 2003년 11월호.

강진구, "매니아: 대중문화시대의 새로운 인간상", 『활천』, 2003년 8월호.

강진구, "영화는 어떻게 아이들을 죽이고 있는가?", 『활천』, 2003년 10월호.

강진구, "접선과 접속 그리고 접촉의 문화", 『활천』, 2003년 1월호.

강찬, "CCM 음반할인 무엇이 문제인가", 『활천』, 2003년 5월호.

고진하, "소통과 성숙의 교회 문화를 위해", 『문화시대의 목회적 대응』, 대한성공회, 2004년 2월호.

김민수, "뉴미디어 문화와 영성(2), 교회와 인터넷 문화", 『사목』 302, 2003.

박양식, "한국교회의 문화사역 맥집기", 『21C 기독교문화포럼 위원회』, 2000년 6월호.

박충구, "사이버스페이스 시대의 문화와 교회", 『21세기 문명과 기독교윤리』, 대한기독교서회, 2004.

소군호, "N세대의 놀이문화로서 컴퓨터 게임은 독인가 약인가", 『활천』 611, 2004.

송영락, "청년들이 교회를 떠나는 33가지 이유", 『기독교연합신문』 927, 2007.

---

41) 신국원, 앞의 글, pp. 59-62.
42) 같은 글, p. 65.

신국원, "미국교회가 한국교회 문화에 미친 영향", 『기독교사상』 502, 2000.

신성준, "디자인, 사람은 외모를 본다", 『활천』, 2004년 5월호.

신성준, "미술관 옆 예배당", 『활천』 6003, 2004.

신성준, "왜 콘서트에 열광하는가", 『활천』, 2004년 3월호.

오현철, "한국교회의 설교환경과 설교배치에 관한 소고", 『성경과 신학』 36, 2004.

이기승, "당신의 문화로 그리스도를 존귀케 하라", 『활천』, 2002년 2월호.

이정구, "여가문화와 신앙생활: 새로운 교회문화 형성을 위한 대안", 『신학사상』 118,
        2002.

임걸, "예술가로서 목사: 교회문화 갱신을 위한 목회자 정체성", 『한국기독교신학논총』
        31, 2004.

진교훈, "21세기와 교회문화", 『2010년 사목연구 특별위원회 제6차 워크숍』, 1997.

추태화, "대중문화 시대와 교회의 정체성", 『한국개혁신학』 14, 2003.

편집부, "문화목회를 시도하는 우순태 목사", 『활천』, 1995년 12월호.